Renate und Karl-Hermann Schneider

Abraham, Arche und Apostel

Rätseln, staunen, schmökern
rund um die Bibel

Renate und Karl-Hermann Schneider

Abraham, Arche und Apostel

Rätseln, staunen, schmökern
rund um die Bibel

benno

Bibliografische Informationen der Deutschen Nationalbibliothek
Die Deutsche Nationalbibliothek verzeichnet diese Publikation in der Deutschen Nationalbibliografie; detaillierte bibliografische Daten sind im Internet über http://dnb.d-nb.de abrufbar.

ISBN 978-3-7462-4268-2

Umschlaggestaltung: birq design, Leipzig
Gesamtherstellung: Arnold & Domnick, Leipzig (A)

Inhalt

Vorwort

Die Bibel steht im Mittelpunkt unseres Buches für Familien, Gemeinde, Kinder- und Jugendgruppen.
Wir wollen mit den Bereichen Rätsel und Quiz, Spiele und Bastelideen dazu beitragen, zentrale Bibeltexte spielerisch zu erfahren und damit umzugehen. Dadurch soll es gelingen, biblische Aussagen neu zu verinnerlichen.
Auch der Religionsunterricht in der Schule, die Katechese für die Erstkommunion oder die Firmung kann damit bereichert werden.

Die verwendeten Textstellen sind der Bibel (Einheitsübersetzung der Heiligen Schrift) entnommen.

Die Rätsel und Quiz haben unterschiedliche Schwierigkeitsstufen, die mit Sternen gekennzeichnet sind:
☆ = leicht
☆☆ = mittel
☆☆☆ = schwierig.
Auch verschiedene Bilderrätsel, Wort- und Zahlenrätsel können gelöst werden. Im Anhang findet man alle Lösungen des Rätselteils zum Nachschlagen.

Die Spiele für verschieden große Gruppen können zum Teil auch im Freien gespielt werden.

Bei den Bastelarbeiten kommt häufig Material zum Einsatz, das normalerweise in jedem Haushalt vorhanden ist.
Die Ausführung ist in der Regel recht einfach. Das Papierkugelmosaik können schon jüngere Kinder bewältigen. Das Pappmodell oder die Mosaikarbeiten sind eher für ältere Kinder (etwa ab 10 Jahren) geeignet.

Viel Freude beim Raten, Spielen und Basteln
wünschen

Renate und Karl-Hermann Schneider.

Rätsel und Quiz

Berufe raten (Altes und Neues Testament) ☆☆

Wer hatte welchen Beruf? Ordne den einzelnen Personen den richtigen Lösungsbuchstaben aus der Liste der Berufe zu.

A	Ackerbauer (Landwirt)	**J**	Richterin
B	Anwalt	**K**	Schafhirt
C	Arzt	**L**	Schreiber des Paulus
D	Fischer	**M**	Silberschmied
E	Gerber	**N**	Statthalter
F	Hauptmann	**O**	Synagogenvorsteher
G	Hebamme	**P**	Zauberer
H	Purpurhändlerin	**Q**	Zeltmacher
I	Ratsherr	**R**	Zöllner oder Obersteuereinnehmer

1 Abel (Genesis 4,2) ☐

2 Debora (Richter 4,4-5) ☐

3 Demetrius (Apostelgeschichte 19,24-38) ☐

4 Felix (Apostelgeschichte 24,1-22) ☐

5 Jaïrus (Markus 5,22-24.35-43) ☐

6 Josef von Arimathäa (Markus 15,43) ☐

7 Kain (Genesis 4,2) ☐

8 Kornelius (Apostelgeschichte 10,1-2) ☐

9 Lukas (Kolosser 4,14) ☐

10 Lydia (Apostelgeschichte 16,14-15.40) ☐

11 Paulus (Apostelgeschichte 18,3) ☐

12 Petrus (Markus 1,16) ☐

13 Schifra (Exodus 1,15-21) ☐

14 Simon aus Samaria (Apostelgeschichte 8,9-24) ☐

15 Simon aus Joppe (Apostelgeschichte 9,43) ☐

16 Tertius (Römer 16,22) ☐

17 Tertullus (Apostelgeschichte 24,1-8) ☐

18 Zachäus (Lukas 19,1-10) ☐

Pflanzen in der Bibel (Exodus 28,34) ☆☆☆

Bei diesem Rätsel musst du die Bibel aufschlagen, um die gesuchten Pflanzen dort zu finden. Wenn du die Pflanzen gefunden hast, trage sie in die waagerechten, senkrechten und diagonalen Kästchen und Kreise ein. Wenn du die Buchstaben in den **markierten** Kästchen/Kreisen richtig sortierst und hintereinander liest, ergibt sich eine andere Pflanze. Sie steht in Exodus 28,34.

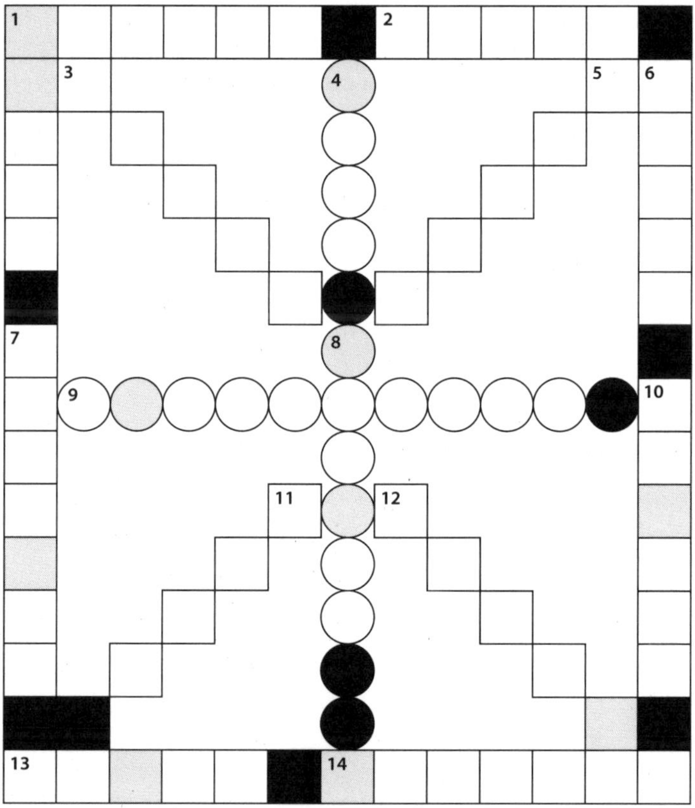

Lösungswort:

Waagerecht:

1 Jesaja 41,19 (Einzahl)
2 Numeri 24,6 (Einzahl)
9 Levitikus 23,40
13 2 Chronik 4,5 (Einzahl)
14 Matthäus 7,16

Senkrecht:

1 Sprichwörter 25,11 (Einzahl)
4 Psalm 45,9
6 Numeri 24,6 (Einzahl)
7 Numeri 11,5
8 Matthäus 7,16
10 Psalm 45,9

Diagonal:

3 Jesaja 1,8
5 Numeri 11,5
11 Hoheslied 6,6
12 Genesis 25,34

Biblisches Silbenrätsel (Matthäus 4,21) ☆☆

Die **ersten** Buchstaben der **gefundenen** Wörter ergeben, von oben nach unten gelesen, die Namen der Söhne von Zebedäus und der Salome (Matthäus 4,21).

a – ach – al – ar – be – be – bel – den – e – ho – ja – jo – ka – ka – lus – na – na – nar – nig – no – nor – nu – or – os – ri – sau – sen – so – tar – ten – um – zug

1 er befand sich drei Tage und Nächte im Bauch eines Fisches (Jona 2,1-2) → ☐☐☐☐

2 Bruder von Kain → ☐☐☐☐

3 Jesus verwandelte hier auf einer Hochzeit Wasser in Wein (Johannes 2,1-11) → ☐☐☐☐

4 Windrichtung → ☐☐☐☐☐

5 Kehrgerät → ☐☐☐☐☐

6 Wohnungswechsel → ☐☐☐☐☐

7 früherer Name von Paulus → ☐☐☐☐☐☐

8 Monat → ☐☐☐☐☐☐

9 Verdienstauszeichnung → ☐☐☐☐☐

10 Bienenprodukt → ☐☐☐☐☐

11 Opferstein → ☐☐☐☐☐

12 Erbauer der Arche →

13 Wundmal →

14 Heidepflanze →

15 klangvoll, volltönend →

Lösungswörter:

Die mittlere Senkrechte (Matthäus 10,3) ☆☆☆

In die Kästchen dieser 13 waagerechten Reihen sollen Wörter von jeweils 6 Buchstaben eingetragen werden. Liest man die Buchstaben auf den **durchgehenden senkrecht markierten** Kästchen, ergibt sich der Name eines Jüngers Jesu (Matthäus 10,3).

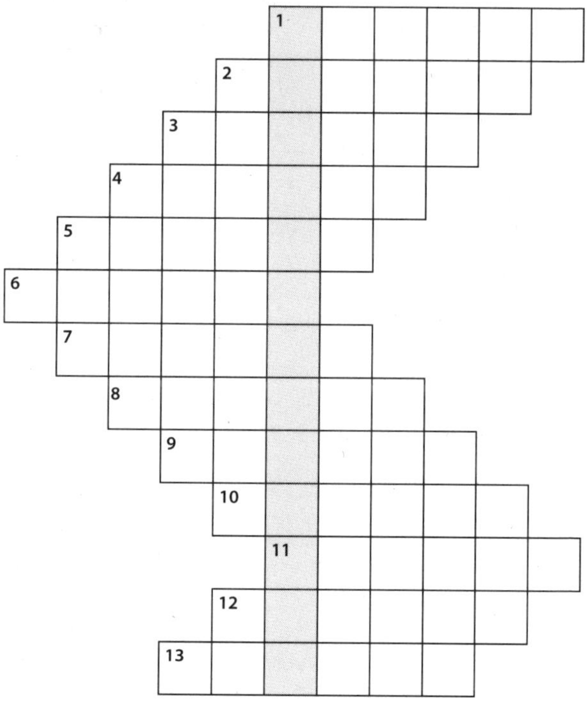

Lösungswort:

1 Vorbau an Gebäuden **2** indischer Volksführer, wurde 1948 ermordet (Mahatma) **3** festgesetzter Zeitpunkt, Frist **4** Rabenvogel **5** unbestellte Ackerfläche **6** Sohn von David und der Batseba; dritter israelitischer König (1 Könige 1,28-40) **7** kugelförmige, runde Körper; zum Beispiel: Fuß… **8** Trieb, Schössling **9** Prosawerke **10** Länder Vorderasiens **11** holländischer Käse **12** Meereskrebs **13** Kochgefäß.

Vom Fasten (Matthäus 6,16-18) – Wörter fehlen ☆☆

In dieser biblischen Geschichte fehlen 11 Wörter, die oben in alphabetischer Reihenfolge stehen. Wer findet sie zuerst und setzt die richtigen Wörter ein?

Aussehen – fastet – Heuchler – Leute – Lohn – merken – salbe – Vater – Verborgene – vergelten – wasche

Wenn ihr ____________, macht kein finsteres Gesicht wie die

____________. Sie geben sich ein trübseliges,

____________ damit die ____________

merken, dass sie fasten. Amen, das sage ich euch: Sie haben ihren

____________ bereits erhalten. Du aber ____________ dein

Haar, wenn du fastest, und ____________ dein Gesicht, damit

die Leute nicht ____________, dass du fastest, sondern nur

dein ____________, der auch das Verborgene sieht; und dein Vater,

der das ____________ sieht, wird es dir

____________.

Zahlenrätsel (Neues Testament) ☆☆

Zu jeder Zahl gehört ein bestimmter Buchstabe. Welcher es jeweils ist, lässt sich anhand der zu erratenden Wörter leicht herausfinden. Die **Anfangsbuchstaben** der **gefundenen** Wörter ergeben, von oben nach unten gelesen, das Lösungswort. Es sind zwei Wörter. Sie stehen im Neuen Testament.

1 ____________ → Zeitabschnitt
17 5 8 3

2 ____________ → Paradiesgarten
4 18 4 7

3 ____________ → erster israelitischer König
11 5 15 16

4 ____________ → Gewässerrand, Küste
15 13 4 3

5 ____________ → Singvogel; Augenkrankheit
11 2 5 3

6 ____________ → Gesangsgruppe
9 8 1 3

7 ____________ → Beinkleid
8 1 11 4

8 ____________ → Abschlusskante
3 5 7 18

9 ____________ → Kreuzesinschrift
6 7 3 6

10 ____________ → Stärkemehl
11 5 14 1

11 ________________ → Vergnügen bei Musik
2 5 7 10

12 ________________ → Laubbaum, Rüster
15 16 12 4

13 ________________ → Psalmzeichen
11 4 16 5

Lösungswort: | | | | | | | | | | | | | | |

Quadraträtsel (Lukas 7,36-50) ☆☆

Wenn du die Buchstaben in den **markierten** Kästchen richtig ordnest und hintereinander liest, ergibt sich der Name des Pharisäers, der Jesus zu Tisch lud, er wurde durch das Beispiel der Sünderin und das Gleichnis von den zwei Schuldnern belehrt, wer mehr liebt (Lukas 7,36-50).

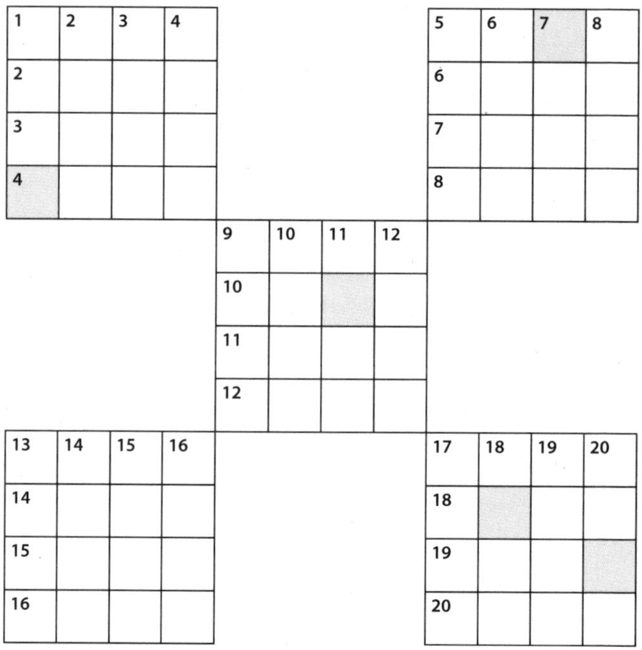

Lösungswort:

1 Gebetsschluss **2** Insekten-, Fliegenlarve **3** Nebenfluss der Fulda **4** Empfindungs-, Reizorgan **5** Ablehnung, Absage **6** Schluss, Aus **7** Höhenzug im Hunsrück (Rh.-Pf.) **8** Pelz; gefärbtes Bisamrattenfell **9** Bruder von Kain **10** Cousine **11** Buch im Alten Testament; einer der kleinen Propheten **12** englischer Sagenkönig **13** Psalmzeichen **14** Stadt und Fluss in Böhmen **15** Weinernte **16** griechischer Kriegsgott **17** Gewürz-, Heilpflanze **18** kleine Rechnung; Aufzeichnung **19** lateinisch für ebenso; Fragepunkt **20** Keimträger.

Biblische Geschichte im Bild (Richter 16,16-30) ☆☆

Welches Ereignis aus dem Leben Simsons ist hier dargestellt (Richter 16,29-30)?

Lösung: ____

____

____

Biblisches Kreuzworträtsel (Apostelgeschichte 20,15) ☆☆

Wenn du die Buchstaben in den von **1 senkrecht markierten** Kästchen liest, ergibt sich der Name einer Insel im Ägäischen Meer. Auf dem Rückweg von seiner dritten Missionsreise machte Paulus hier kurz Station (Apostelgeschichte 20,15).

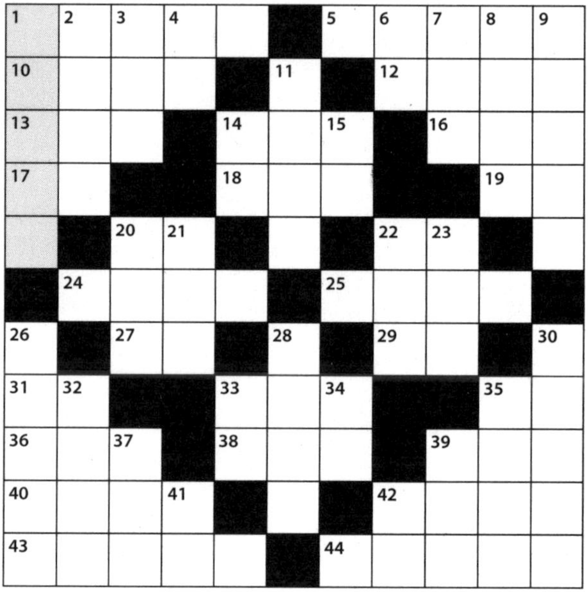

Lösungswort:

Waagerecht: 1 Teufel **5** Mutter Jesu **10** Gebetsschluss **12** Polizeisondereinheit (Kurzwort) **13** Teilchenmengeneinheit **14** Grundfarbe **16** spanisch für Meer **17** französisch für Gold **18** Baumteil **19** Spurweite für Modelleisenbahnen **20** Frauenkurzname **22** Kfz.-Kennzeichen für Oberallgäu (Sonthofen) **24** Blume mit Dornen **25** Zwillingsbruder von Jakob **27** Abkürzung für Samstag **29** Kfz-Kennzeichen für Traunstein **31** Heimatort der Familie Abrahams (Genesis 11,28) **33** Abschiedsgruß **35** italienisch für ja **36** griechische Insel **38** deutscher männlicher Artikel **39** Zeichen, Fleck **40** nordisches Göttergeschlecht **42** Beiname der Noomi (Rut 1,20-21) **43** Viehunterkunft **44** katholischer Heiliger (11.11.)

Senkrecht: 1 *Lösungswort* **2** römischer Liebesgott **3** Abkürzung für Telefon **4** Verhältniswort **6** chemisches Zeichen für Arsen **7** italienische Hauptstadt **8** Färbeverfahren **9** Hauptschlagader **11** Bruder von Aaron und Mirjam **14** ägyptischer Sonnengott **15** Kfz.-Kennzeichen für Tettnang **20** internationales Notzeichen **21** Großmacht **22** Himmelsrichtung **23** Tierkadaver **26** Evangelist **28** Blutgefäß **30** er saß mit Paulus in Philippi im Gefängnis (Apostelgeschichte 16,19.25.29) **32** Gitter in Feuerungsanlagen **33** Abkürzung für außer Dienst **34** persönliches Fürwort **35** Frau Abrahams, Mutter Isaaks **37** englisch für Meer **39** britische Insel in der Irischen See **41** Kfz.-Kennzeichen für die Niederlande **42** englisch für mir, mich

Bibelverse-Quiz (Sprichwörter / Tobit 3,17) ☆☆

Wie lauten die Bibelverse weiter? Nenne die richtige Antwort a, b oder c. Die **ersten** Buchstaben der **richtigen** Antworten ergeben, hintereinander gelesen, den Namen des Sohnes von Tobit (Tobit 3,17).

1 Aus Sprichwörter 3

Nie sollen Liebe und … dich verlassen, binde sie dir um den Hals, schreib sie auf die Tafel deines Herzens!

☐ a) Arbeit ☐ b) Treue ☐ c) Hoffnung

2 Aus Sprichwörter 4

Mein Sohn, achte auf meine Worte, neige dein … meiner Rede zu!

☐ a) Ohr ☐ b) Körper ☐ c) Herz

3 Aus Sprichwörter 13

Ein gewissenloser … richtet Unheil an, ein zuverlässiger Bote bringt Heilung.

☐ a) Mann ☐ b) Sünder ☐ c) Bote

4 Aus Sprichwörter 10

Wer Warnung missachtet, geht in die …

☐ a) Irre ☐ b) Hölle ☐ c) Knie

5 Aus Sprichwörter 30

Die … des Menschen führt ihn in die Falle; wer auf den Herrn vertraut, ist gesichert.

☐ a) Sünde ☐ b) Welt ☐ c) Angst

6 Aus Sprichwörter 10

Wer im … sammelt, ist ein kluger Mensch; in Schande gerät, wer zur Erntezeit schläft.

☐ a) Sommer ☐ b) Herbst ☐ c) Winter

Lösungswort:

Frauen im Alten Testament – Zahlenrätsel ☆☆

In diesem Rätsel sind die Lösungswörter in Zahlen angegeben, die man erst entschlüsseln muss. Gleiche Zahlen bedeuten gleiche Buchstaben. Die **ersten** Buchstaben der **gefundenen** Frauennamen ergeben, von oben nach unten gelesen, einen Bibelvers aus Psalm 105.

1 4 5 13 10 9 8 → ☐☐☐☐☐☐
(Richter 4,4-5)

2 8 4 8 → ☐☐☐
(Genesis 34,4.10; 36,2)

3 3 10 10 7 6 → ☐☐☐☐☐
(Rut 1; 2,1.18-23)

4 11 5 17 14 9 8 → ☐☐☐☐☐☐
(Genesis 25,1-6)

5 17 8 7 8 9 → ☐☐☐☐☐
(Genesis 38,6-30)

6 4 5 16 6 16 8 → ☐☐☐☐☐☐
(Richter 16,4-20)

7 5 1 8 → ☐☐☐
(Genesis 2,19-20.23)

8 7 8 9 8 → ☐☐☐☐
(Rut 1,20-21)

9 12 8 3 3 8 → ☐☐☐☐☐
(1 Samuel 1,9-23)

10 5 2 17 5 9 → ☐☐☐☐☐
(Ester 2,15)

11 9 14 17 → ☐☐☐
(Rut 1,4.22; 2,2.6.21)

12 9 5 13 5 11 11 8 → ☐☐☐☐☐☐☐
(Genesis 24,45-67)

13 3 8 8 7 8 → ☐☐☐☐☐
(Genesis 4,22)

Lösung: ☐☐☐☐☐ ☐☐☐ ☐☐☐☐☐

Bibelvers-Silbenpuzzle (Psalm 150) ☆

Wenn du die Silben richtig sortierst und hintereinander liest, erhältst du einen Bibelvers aus Psalm 150.

al	at	be	den	herrn

les	lo	met	was

Lösung:

Richtig oder falsch? (Neues Testament) ☆☆

1 Marta war eine Purpurhändlerin aus Thyatira in Lydien, die in Philippi lebte (Apostelgeschichte 16,14).

→ ______________________________

2 Luzius war ein Christ aus Zyrene, Prophet und Lehrer in der Gemeinde zu Antiochien (Apostelgeschichte 13,1).

→ ______________________________

3 Lystra war eine Stadt in Lykaonien (Apostelgeschichte 14,6), die Paulus auf der ersten und zweiten Missionsreise besuchte (Apostelgeschichte 16,1-3); Lystra war auch der Heimatort von Titus.

→ ______________________________

4 Lyzien war eine Landschaft an der Südküste Kleinasiens zwischen Karien und Pamphylien mit den Hafenstädten Patara und Myra (Apostelgeschichte 27,5).

→ ______________________________

5 Loïs war die gläubige Großmutter von Paulus (2 Timotheus 1,5).

→ ______________________________

6 Linus war ein Christ in Jerusalem (2 Timotheus 4,21).

→ ______________________________

7 Lazarus war der arme Mann im Gleichnis Jesu (Lukas 16,19-31). Er lag vor der Tür des Reichen, bedeckt mit Geschwüren, und hatte nur den Wunsch, sich von den Abfällen von dessen Tafel sättigen zu können. Nach seinem Tod wurde er von Engeln in Abrahams Schoß getragen.

→ ______________________________

Ergänzungsrätsel (Matthäus 4,21) ☆☆☆

Neue Wörter sollen jeweils gefunden und zwischen die schon vorhandenen gesetzt werden. Die Kästchen zwischen den bekannten Wörtern entsprechen der Zahl der Buchstaben, die das jeweils neue Wort hat. Es ergibt mit dem vorhergehenden und dem nachstehenden jeweils ein zusammengesetztes Hauptwort. Beispiel: Wald-**Mäuse** – **Mäuse**falle. Die **Anfangsbuchstaben** der neu **gefundenen** Wörter ergeben, von oben nach unten gelesen, die Namen zweier Brüder aus dem Neuen Testament (Matthäus 4,21).

1	Neu	□□□□	Gang	→ Zeitabschnitt
2	Last	□□□□	Bahn	→ Kraftwagen
3	Hemd	□□□□□□	Rand	→ Kleidung: Halsteil
4	Fall	□□□□	Kern	→ Sammelwort für essbare Früchte
5	Fuß	□□□□	Nacht	→ Sport-, Spielgerät
6	Meer	□□□□	Schwalbe	→ Gewässerrand, Küste
7	Schweine	□□□□□	Mist	→ Viehunterkunft
8	Hetz	□□□□	Hund	→ Aufspüren und Erlegen oder Fangen von Wild
9	Horn	□□□□□□	Schwanz	→ männliche Rinder
10	Glut	□□□□□	Rekord	→ hohe Temperatur
11	Hühner	□□□□□	Blick	→ Sinnesorgane

12	Fischer	☐☐☐☐	Haut	→ Fischfanggerät
13	Sarg	☐☐☐☐☐	Spitze	→ Drahtstift
14	Pflege	☐☐☐☐☐☐	Haus	→ Vater und Mutter
15	Spiel	☐☐☐☐	Kasten	→ Mörtelbestandteil; Baumaterial

Lösungswörter:

☐☐☐☐☐☐☐ ☐☐☐☐☐☐☐☐

Mann und Frau? (Altes und Neues Testament) ☆☆

Beantworte die Fragen mit Ja oder Nein. Ja = 2 Punkte; Nein = 1 Punkt. Die richtige Lösung ergibt 23 Punkte.

	Ja	Nein	Punkte
1 Adam – Eva	☐	☐	______
2 Abraham – Sara	☐	☐	______
3 Noach – Hagar	☐	☐	______
4 Isaak – Rebekka	☐	☐	______
5 Boas – Rut	☐	☐	______
6 Esau – Ada	☐	☐	______
7 Haran – Milka	☐	☐	______
8 Saul – Rizpa	☐	☐	______
9 Timotheus – Eunike	☐	☐	______
10 Zacharias – Elisabet	☐	☐	______
11 Zachäus – Lydia	☐	☐	______
12 Zebedäus – Salome	☐	☐	______
13 Markus – Rhode	☐	☐	______

	Ja	Nein	Punkte
14 Lukas – Maria	☐	☐	________
15 Lazarus – Marta	☐	☐	________

Gesamtpunkte: ________

Großes Bibelquiz aus dem Neuen Testament ☆ bis ☆☆☆

Nenne die richtige Antwort a, b oder c. Wenn du die **ersten** Buchstaben der **richtigen** Wörter hintereinander liest, ergibt sich ein Bibelvers aus Matthäus 19.

1 Arzt, Mitarbeiter des Paulus, Evangelist (Kolosser 4,14)

☐ a) Matthäus ☐ b) Markus ☐ c) Lukas

2 Bruder des Simon Petrus (Matthäus 4,18)

☐ a) Andreas ☐ b) Alexander ☐ c) Philippus

3 er saß mit Paulus in Philippi im Gefängnis (Apostelgeschichte 16,19.25.29)

☐ a) Silas ☐ b) Titus ☐ c) Barnabas

4 Aussätziger in Betanien; Jesus war bei ihm zu Tisch (Matthäus 26,6)

☐ a) Simeon ☐ b) Simon ☐ c) Silvanus

5 Heimat des Apostels Paulus (Apostelgeschichte 9,11)

☐ a) Troas ☐ b) Philippi ☐ c) Tarsus

6 Jüdin, jüngste Tochter Herodes Agrippas I., Schwester Agrippas II. und der Berenike. Sie verließ ihren ersten Mann, den König Azizus von Emesa (Syrien), um den römischen Prokurator von Judäa, Felix, zu heiraten. Vor ihr und Felix soll Paulus über Gerechtigkeit, Enthaltsamkeit und das bevorstehende Gericht gesprochen haben (Apostelgeschichte 24,24-25)

☐ a) Herodias ☐ b) Drusilla ☐ c) Lydia

7 Kreuzesinschrift

☐ a) INRI ☐ b) RINI ☐ c) NIRI

8 Mutter von Johannes dem Täufer (Lukas 1,24.36.57.60)

☐ a) Eunike ☐ b) Berenike ☐ c) Elisabet

9 Jesus verwandelte hier auf einer Hochzeit Wasser in Wein (Johannes 2,1-11)

☐ a) Betlehem ☐ b) Kana ☐ c) Nazaret

10 Stadt Lykaoniens in Kleinasien; Barnabas und Paulus verkündigten hier auf ihrer ersten Missionsreise das Evangelium. Paulus kehrte später hierher zurück. Juden und Heiden widersetzten sich seinem Wirken (Apostelgeschichte 13,51; 14,1-7.19.21)

☐ a) Ikonion ☐ b) Änon ☐ c) Thessalonich

11 Pharisäer, vornehmer Jude, Lehrer in Israel, besuchte Jesus bei Nacht, wendete sich im Hohen Rat gegen eine vorschnelle Verurteilung Jesu und nahm an seinem Begräbnis teil (Johannes 3,1-10; 7,50; 19,39)

☐ a) Hannas ☐ b) Kajaphas ☐ c) Nikodemus

12 neben Lukas als Mitarbeiter des Paulus genannt, soll ihn „aus Liebe zu dieser Welt" verlassen haben (Kolosser 4,14; Philemon 24; 2 Timotheus 4,10)

☐ a) Krispus ☐ b) Mnason ☐ c) Demas

13 Mutter von Timotheus (2 Timotheus 1,5)

☐ a) Eunike ☐ b) Loïs ☐ c) Lydia

14 Bruder des Alexander und Sohn des Simon von Zyrene (Markus 15,21)

☐ a) Simon Petrus ☐ b) Rufus ☐ c) Andreas

15 Reicher Zöllner oder Obersteuereinnehmer in Jericho. Von kleiner Gestalt, stieg er auf einen Feigenbaum, um Jesus besser zu sehen. Der rief ihn herab und kehrte in seinem Haus ein. Er nahm ihn mit Freuden auf und erklärte, in Zukunft seine Güter mit den Armen zu teilen. Jesus erkannte ihn als echten Sohn Abrahams an (Lukas 19,1-10)

☐ a) Zacharias ☐ b) Zebedäus ☐ c) Zachäus

16 römischer Christ, aktives Glied der Gemeinde in Rom (Römer 16,9)

☐ a) Urbanus ☐ b) Theophilus ☐ c) Phygelus

17 Schwester der Maria und des Lazarus von Betanien. Herrin des gastfreundlichen Hauses, rührig und geschäftig. Beim Tod ihres Bruder erkannte sie in Jesus den Messias und Sohn Gottes, die Quelle jeder Auferstehung (Lukas 10,38-41; Johannes 11,1-5.19-39)

☐ a) Marta ☐ b) Tabita ☐ c) Syntyche

18 Gebiet im Nordwesten Mazedoniens, römische Provinz; Paulus verkündete hier das Evangelium (Römer 15,19)

☐ a) Malta ☐ b) Samos ☐ c) Illyrien

19 Junge Magd im Haus der Maria, der Mutter des Johannes Markus. Als Petrus aus dem Gefängnis freikam, klopfte er an die Tür des Hauses, sie erkannte ihn an der Stimme, vergaß aber in ihrer Freude, ihm zu öffnen (Apostelgeschichte 12,13)

☐ a) Marta ☐ b) Rhode ☐ c) Salome

20 Synagogenvorsteher in Korinth, von Paulus getauft (1 Korinther 1,14)

☐ a) Jaïrus ☐ b) Tyrannus ☐ c) Krispus

21 Entflohener Sklave des Philemon in Kolossä, Paulus begegnete ihm im Gefängnis, bekehrte ihn, machte ihn zu einem wertvollen Mitarbeiter und schickte ihn zu Philemon zurück mit der Bitte, ihn als Bruder aufzunehmen (Philemon 1,10-18; Kolosser 4,9)

☐ a) Onesimus ☐ b) Onesiphorus ☐ c) Johannes

22 Knecht des Hohepriesters, dem Petrus ein Ohr abschlug (Johannes 18,10)

☐ a) Malchus ☐ b) Philippus ☐ c) Andreas

23 anstelle des Judas Iskariot in die Gruppe der zwölf Apostel gewählt (Apostelgeschichte 1, 21-26)

☐ a) Bartholomäus ☐ b) Thomas ☐ c) Matthias

24 Junger Mann in Troas. Er schlief während der Predigt des Paulus ein und fiel aus dem Fenster. Paulus erweckte ihn wieder zum Leben (Apostelgeschichte 20,7-12)

☐ a) Nikolaus ☐ b) Eutychus ☐ c) Eubulus

25 Wohnort Josefs, Marias und Jesu (Lukas 2,39.51)

☐ a) Jerusalem ☐ b) Betlehem ☐ c) Nazaret

26 Schwiegervater des Kajaphas, Hohepriester, auch unter der Amtsführung des Kajaphas einflussreich. Jesus wurde nach seiner Gefangennahme zuerst zu ihm geführt. (Johannes 18,13.24)

☐ a) Pilatus ☐ b) Hannas ☐ c) Festus

27 Land östlich des Oberlaufs des Jordan mit Hauptstadt Chalkis, gehörte zur Tetrarchie des Philippus (Lukas 3,1)

☐ a) Ituräa ☐ b) Achaia ☐ c) Kana

28 Einer der ersten Jünger Jesu, der als „echter Israelit", als „Mann ohne Falschheit" bezeichnet wurde. Er glaubte, weil Jesus ihn „unter dem Feigenbaum gesehen hatte". Er gehörte zu den Jüngern, denen der Auferstandene am See Gennesaret erschien (Johannes 1,45-50; 21,2)

☐ a) Andreas ☐ b) Petrus ☐ c) Natanaël

29 Frau in Athen, zugleich mit dem Areopagen Dionysius zum christlichen Glauben bekehrt (Apostelgeschichte 17,34)

☐ a) Tabita ☐ b) Damaris ☐ c) Chloe

30 Ort bei Jerusalem, wo der auferstandene Jesus zwei Jüngern erschienen war (Lukas 24,13-32)

☐ a) Kana ☐ b) Nazaret ☐ c) Emmaus

31 Station der Schiffsreise des Paulus von Malta nach Rom (Apostelgeschichte 28,13)

☐ a) Korinth ☐ b) Rhegion ☐ c) Kos

32 Vater des blinden Bettlers Bartimäus, der von Jesus bei Jericho geheilt wurde (Markus 10,46)

☐ a) Timäus ☐ b) Theophilus ☐ c) Krispus

33 Frau von Zebedäus und Mutter von Jakobus und Johannes (Matthäus 20,20)

☐ a) Salome ☐ b) Elisabet ☐ c) Maria

34 Name einer römischen Kohorte, die hauptsächlich aus italienischen Soldaten bestand; einer ihrer Hauptleute war Kornelius (Apostelgeschichte 10,1)

☐ a) Roemer ☐ b) Italisch ☐ c) Sizilianer

35 Christin in Philippi, die Paulus ermahnte, mit Syntyche „im Herrn einmütig zu sein", zumal beide mit Paulus „für das Evangelium gekämpft" hatten (Philipper 4,2-3)

☐ a) Lois ☐ b) Drusilla ☐ c) Evodia

36 Christen, die sogar an heidnischen Kultmählern teilnahmen (Offenbarung 2,6.15)

☐ a) Nikolaiten ☐ b) Zeloten ☐ c) Hebräer

37 „Gott ist mit uns" – Name für den Messias (Matthäus 1,23)

☐ a) Menschenfreund ☐ b) Immanuel ☐ c) Menschenretter

38 Christin in Korinth, deren Leute (vermutlich Freigelassene oder Sklaven) in Ephesus mit Paulus zusammentrafen (1 Korinther 1,11)

☐ a) Lydia ☐ b) Berenike ☐ c) Chloë

39 Stadt Phrygiens in Kleinasien, berühmt wegen seiner heißen Quellen, bei Laodizea (Kolosser 4,13)

☐ a) Hiërapolis ☐ b) Thessalonich ☐ c) Trophimus

40 Lehrer, der in Ephesus seinen Lehrsaal Paulus zur Verfügung stellte (Apostelgeschichte 19,9)

☐ a) Tyrannus ☐ b) Tychikus ☐ c) Trophimus

41 Silberschmied in Ephesus, stellte kleine Artemistempel her. Die erfolgreiche Predigt des Paulus beeinträchtigte sein Geschäft, deshalb organisierte er eine Protestkundgebung im Theater von Ephesus (Apostelgeschichte 19,24-38).

☐ a) Luzius ☐ b) Eubulus ☐ c) Demetrius

42 Vater des Apostels Jakobus (Matthäus 10,3)

☐ a) Simon von Zyrene ☐ b) Alphäus ☐ c) Zacharias

43 babylonische Gottheit, deren Kult nach dem Fall des Nordreichs in Samaria eingeführt wurde (Apostelgeschichte 7,43)

☐ a) Quirinius ☐ b) Phygelus ☐ c) Romfa

44 Schmied, der Paulus viel Böses getan hat und dessen Lehre bekämpfte (2 Timotheus 4,14-15)

☐ a) Alexander ☐ b) Barnabas ☐ c) Epänetus

45 Stadt in Galiläa, wo Jesus den Sohn einer Witwe zum Leben erweckte (Lukas 7,11)

☐ a) Kana ☐ b) Naïn ☐ c) Emmaus

Lösung: ☐☐☐☐☐ ☐☐☐ ☐☐☐☐☐☐

☐☐ ☐☐☐ ☐☐☐☐☐☐

☐☐☐☐☐☐☐ ☐☐☐

☐☐☐☐☐ ☐☐☐☐☐

Bibelvers-Silbenrätsel (Johannes 14) ☆☆☆

Wenn du die Silben richtig ordnest und hintereinander liest, ergibt sich ein Bibelvers aus Johannes 14.

aus – ben – bin – das – der – die – durch – heit – ich – kommt – le – mand – mich – nie – ser – ter – und – und – va – wahr – weg – zum

Lösung:

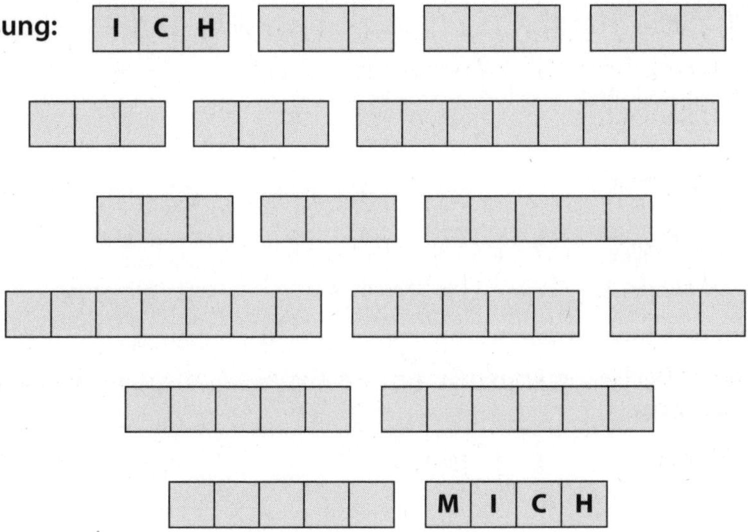

Waren sie Geschwister? (Altes und Neues Testament) ☆☆

Beantworte die Fragen mit Ja oder Nein. Ja = 2 Punkte; Nein = 1 Punkt. Die richtige Lösung ergibt 22 Punkte.

		Ja	Nein	Punkte
1	Aaron – Mose	☐	☐	______
2	Andreas – Alexander	☐	☐	______
3	David – Salomo	☐	☐	______
4	Maria – Lazarus	☐	☐	______
5	Jakob – Esau	☐	☐	______
6	Simon – Johannes	☐	☐	______
7	Sem – Ham	☐	☐	______
8	Aquila – Priska	☐	☐	______
9	Set – Kain	☐	☐	______
10	Johannes – Jakobus	☐	☐	______
11	Mirjam – Itamar	☐	☐	______
12	Antipas – Paulus	☐	☐	______
13	Levi – Juda	☐	☐	______

	Ja	Nein	Punkte
14 Thomas – Matthias	☐	☐	________
15 Sem – Aram	☐	☐	________

Gesamtpunkte: ________

Silbenrätsel (Neues Testament) ☆☆

Wenn du die Silben richtig sortierst und den untenstehenden Bibelstellen zuordnest, ergeben sich biblische Begriffe und Namen. Die **zweiten** Buchstaben der **gefundenen** Wörter ergeben, von oben nach unten gelesen, ein Buch im Neuen Testament.

a – a – ar – be – bed – bil – cher – dab – ef –
em – ha – je – li – ma – me – mo – ni –
no – o – or – pa – ra – re – ta – ter – us

1 Rut 1,4.14 → □□□□

2 1 Chronik 5,19 → □□□□□

3 Nehemia 3,1 → □□□

4 Lukas 24,13-32 → □□□□□□

5 Richter 8,20 → □□□□□

6 2 Samuel 21,8 → □□□□□□

7 Rut 4,13-16 → □□□□

8 Genesis 46,16 → □□□□□

9 Genesis 30,4-8 → □□□□□

10 Numeri 26,35 → ☐☐☐☐☐☐

11 1 Chronik 2,19.24 → ☐☐☐☐☐☐

Lösungswort: ☐☐☐☐☐☐☐☐☐☐☐

Kästchen-Ergänzungsrätsel (Jeremia 46,2 / 2 Könige 24,7) ☆☆

Trage die Begriffe von 1 bis 13 in die waagerechten Kästchen ein. Die **zweiten** Buchstaben der **gefundenen** Wörter ergeben, von oben nach unten gelesen, den Namen eines Königs von Babylon (Jeremia 46,2; 2 Könige 24,7).

1				
2				
3				
4				
5				
6				
7				
8				
9				
10				
11				
12				
13				

1 Fischfanggerät
2 orientalisches Rot-Gelb-Färbemittel
3 Auspuffstoff
4 Jünger Jesu, der Verräter
5 dritter Fastensonntag
6 lateinisch für heilig
7 Schüler, Anhänger einer Lehre
8 Himmelsbote
9 gallertartiger Fruchtsaft, Gallerte
10 Weltmeer
11 französisch für Stickstoff
12 Name für Babylon im Alten Testament.
13 Schnittholz; Platte

Lösungswort:

Biblische Geschichte im Bild (Exodus 32,19) ☆

Welches Ereignis aus Moses Leben ist hier zu sehen?

Lösung: ____

____

____

Ein falsches Wort (Psalmen / Neues Testament) ☆☆

In den folgenden Bibelversen ist je ein falsches Wort eingesetzt. Die **Anfangsbuchstaben** der **richtig** eingesetzten Wörter ergeben, hintereinander gelesen, den Namen eines Evangelisten.

1 aus Psalm 12

Hilf doch, o Herr, die Frommen schwinden dahin, unter den Männern gibt es keine Treue mehr.

→ □□□□□□□□

2 aus Psalm 17

Behüte mich wie den Körper, den Stern des Auges, birg mich im Schatten deiner Flügel.

→ □□□□□□□□

3 aus Psalm 23

Er lässt mich lagern auf grünen Auen und führt mich zum Liegestuhl am Wasser.

→ □□□□□□□□□

4 aus Psalm 18

Du schaffst meinen Schritten weiten Raum, meine Beine wanken nicht.

→ □□□□□□□□

5 aus Psalm 6

Denn bei den Toten denkt niemand mehr an dich. Wer wird dich in der Einsamkeit noch preisen?

→ □□□□□□□□□

6 aus Psalm 18

Ich will dich rühmen, Herr, meine Freude.

→ | | | | | | | |
|---|---|---|---|---|---|---|

Lösungswort: | | | | | | |
|---|---|---|---|---|---|

Fragen über Fragen (2 Könige 25,8.11-20) ☆

Die **ersten** Buchstaben der **gefundenen** Wörter ergeben, von oben nach unten gelesen, den Namen eines Kommandanten der Garde Nebukadnezzars. Er zog in Jerusalem ein, plünderte den Tempel und steckte ihn in Brand, zerstörte die Stadt, deportierte die wohlhabende Bevölkerung und ließ die kleinen Leute unter der Statthalterschaft Gedaljas im Land (2 Könige 25,8.11-20).

1 Wie hieß der Erbauer der Arche?

→ ☐☐☐☐☐

2 Wie nennt man den Paradiesgarten?

→ ☐☐☐☐

3 Wie heißt der Geburtsort von Jesus?

→ ☐☐☐☐☐☐☐☐

4 Wie hieß der erste Mann der Batseba (2 Samuel 11,2-17)?

→ ☐☐☐☐☐

5 Wer war der erste israelitische König?

→ ☐☐☐☐

6 Wie hieß der Mann der Sara und Vater von Isaak?

→ ☐☐☐☐☐☐☐

7 Wie hieß der älteste Sohn von Jakob (Genesis 35,23)?

→ ☐☐☐☐☐

8 Wie hieß der Bruder von Kain, den dieser erschlug?

→ | | | | |

9 Wer war der zweite israelitische König?

→ | | | | | |

10 Wie hieß der Vater von Aaron, Mose und der Mirjam (Exodus 6,20; 1 Chronik 5,29)?

→ | | | | | |

11 Wie hieß der Vater von Josua (Josua 1,1)?

→ | | | |

Lösungswort: | | | | | | | | | | | |

Zahlenrätsel (Matthäus 4,18) ☆☆

In diesem Rätsel sind für die Buchstaben Zahlen angegeben, die man zuerst „entschlüsseln“ muss. Die **Anfangsbuchstaben** der **gefundenen** Wörter ergeben, von oben nach unten gelesen, die Namen von zwei Brüdern aus dem Neuen Testament (Matthäus 4,18).

1	1 2 3 4	→ Gebetsschluss	→	☐☐☐☐
2	4 5 6 3	→ Musikzeichen	→	☐☐☐☐
3	7 1 2 3	→ Brettspiel	→	☐☐☐☐
4	8 5 9 9	→ Pferd	→	☐☐☐☐
5	3 10 11 3	→ Nadelbaum, Taxus	→	☐☐☐☐
6	1 6 3 2	→ Lebenshauch	→	☐☐☐☐
7	9 1 12 13	→ erster israelitischer König	→	☐☐☐☐
8	9 4 5 11	→ Vornehmtuer	→	☐☐☐☐
9	10 4 8 10	→ Kreuzesinschrift	→	☐☐☐☐
10	2 12 13 13	→ Gewebe; Verbandstoff	→	☐☐☐☐
11	5 11 3 8	→ Kellner	→	☐☐☐☐
12	4 3 9 6	→ Brutplatz der Vögel	→	☐☐☐☐
13	14 1 12 13	→ Papstname	→	☐☐☐☐

14 3 13 13 3 → Unterarmknochen → ☐☐☐☐

15 6 3 13 13 → Schweizer Sagenheld → ☐☐☐☐

16 8 10 9 9 → Beute des großen Raubwildes → ☐☐☐☐

17 12 4 4 1 → Stadt am Hellweg (NRW) → ☐☐☐☐

18 9 3 4 4 → Almhirt → ☐☐☐☐

Lösungswörter: ☐☐☐☐☐☐☐ ☐☐☐☐☐

☐☐☐☐☐☐

Buchstabenrätsel (Lukas 1) ☆☆

Die **ersten** Buchstaben der **gefundenen** Wörter ergeben, von oben nach unten gelesen, einen Bibelvers aus Lukas 1.

a – a – a – a – a – a – b – d – d – e – e – e – e – e – e – e – e – e – e – e –
e – e – e – e – e – e – e – e – e – e – e – g – g – h – i – i – i – i – i – i –
k – l – l – l – l – l – m – m – n – n – n – n – n – n – o – o – o – o – o – o –
o – p – p – p – p – r – r – r – r – r – r – r – r – r – r – s – s – s – s – s – s –
s – s – s – t – t – t – t – t – t – t – t – u – z

1 Berufsvereinigung, Zunft → ☐☐☐☐☐

2 Fruchtäther für Genussmittel;
Buch im Alten Testament → ☐☐☐☐☐

3 die Pole betreffend → ☐☐☐☐☐

4 Nagetier → ☐☐☐☐☐

5 von Wasser umgebenes Land → ☐☐☐☐☐

6 Haushaltsbehälter → ☐☐☐☐☐

7 klangvoll, volltönend → ☐☐☐☐☐

8 Mittel gegen Blutarmut → ☐☐☐☐☐

9 Berliner Eckensteher → ☐☐☐☐☐

10 weibliches Pferd, Esel, Kamel → ☐☐☐☐☐

11 Lobrede, Schmeichelei →

12 Sohn von Abraham und Sara →

13 Arzneigabe; abgemessene Menge →

14 männliche Ente, Enterich →

15 Geliebter der Julia →

16 hohe Temperatur →

17 Hülsenfrucht →

18 schwarzes Pferd →

19 Ruhegeld →

Lösung:

Kanonrätsel (Altes und Neues Testament) ☆

Die Buchstaben im Quadrat müssen so vor die Wörter gesetzt werden, dass sinnvolle biblische Namen entstehen. Die **ersten** Buchstaben ergeben dann, in die richtige Reihenfolge gebracht, den Anfang eines Kanons.

B	B	B	E
E	E	E	H
I	I	L	N
R	R	S	U

	O S E A (Hosea 1,1)
	L I J A (2 Könige 29,6-31)
	I Z P A (2 Samiel 21,8-11)
	A H E L (Genesis 29,6-31)

	O A S (Rut 2-4)
	F R A I M (Genesis 41,52)
	I L H A (Genesis 29,29)
	E C H E R (Genesis 46,21)
	S E B E L (1 Könige 16,31)
	A D A B (1 Könige 14,20)

	U Z I U S (Römer 16,21)
	M R I (Nehemia 3,2)
	V O D I A (Philipper 4,2)
	M M A U S (Lukas 24,13-32)
	S A (2 Samuel 6,3-8)
	A L O M E (Markus 15,40)

Lösung: _ _ _ _ _ _ _ _ _ _

_ _ _ _ _ _

Labyrinth (Genesis 7,17–8,4) ☆

Am 17. Tag des Monats setzte die Arche auf einem Gipfel des Araratgebirges auf (Genesis 8,4). Welchen Kurs ist die Arche inzwischen geschwommen?

Von der Nachfolge – Wörter einsetzen (Lukas 9,57-62) ☆☆

In dieser biblischen Geschichte (sie steht in Lukas 9,57-62) fehlen 16 Wörter. Wer findet sie zuerst und setzt die richtigen Wörter ein?

Abschied – Füchse – Gottes – Hand – Haupt – Herr – Jesus – Mann – Menschensohn – Ort – Pflug – Reich – Toten – Vater – Vögel – Weg

Als sie auf ihrem ________________ weiterzogen,

redete ein ________________ Jesus an und sagte:

Ich will dir folgen, wohin du auch gehst. Jesus antwortete ihm:

Die ________________ haben ihre Höhlen und die

________________ ihre Nester;

der ________________ aber hat keinen

________________, wo er sein ________________

hinlegen kann. Zu einem anderen sagte er: Folge mir nach!

Der erwiderte: Lass mich zuerst heimgehen und meinen

________________ begraben. Jesus sagte zu ihm:

Lass die Toten ihre ________________ begraben;

du aber geh und verkünde das ________________ Gottes!

Wieder ein anderer sagte:

Ich will dir nachfolgen, ____________________. Zuvor aber lass

mich von meiner Familie ____________________ nehmen.

____________________ erwiderte ihm:

Keiner, der die ____________________ an den

____________________ gelegt hat und nochmals zurückblickt, taugt

für das Reich ____________________.

Sandruhr-Rätsel (Apostelgeschichte 19,22) ☆☆

Trage die Begriffe von 1 bis 9 in die waagerechten Kreise ein. Die **Anfangsbuchstaben** der gefundenen Wörter ergeben, von oben nach unten gelesen, den Namen eines Mitarbeiters und Reisegefährten des Paulus (Apostelgeschichte 19,22).

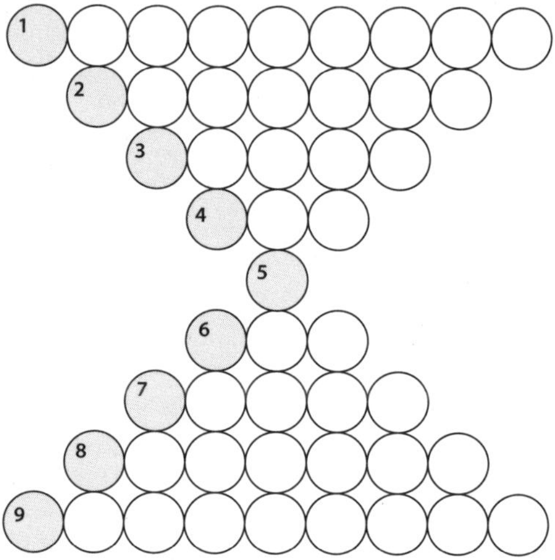

Lösung: 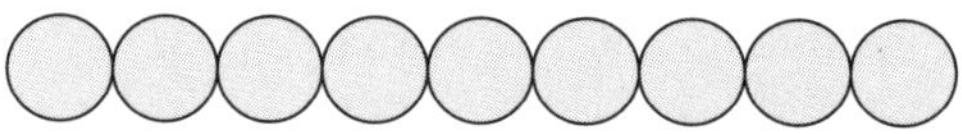

1 Vermehrung von Tieren **2** ungesetzlich, unrechtmäßig **3** Hauptstadt von Rheinland-Pfalz **4** Großvater **5** Kfz.-Kennzeichen für Thailand **6** Trockengras, Viehfutter **7** erster deutscher Reichspräsident **8** kostenlos, gratis **9** Monat.

Kopfrätsel (Psalmen 103 und 104) ☆☆☆

Jedes dieser Wörter soll einen neuen Kopf erhalten – man muss also einen weiteren Buchstaben voransetzen. Dabei müssen aber wieder sinnvolle Wörter entstehen! Beispiel: Abel – **B**abel. Diese **neuen** Buchstaben ergeben, wenn man sie von oben nach unten liest, einen Bibelvers aus den Psalmen 103 und 104.

1 Männername – Glücksspiel

→ □□□□ – □□□□□

2 feste Erdoberfläche – nordfriesische Insel, südöstlich von Föhr

→ □□□□ – □□□□□

3 Abschlusskante – Feuerbrunst

→ □□□□ – □□□□□

4 Jungenname – erster deutscher Reichspräsident

→ □□□□ – □□□□□

5 Unterarmknochen – leichte Vertiefung

→ □□□□ – □□□□□

6 Holzmaß – Buch im Alten Testament

→ □□□□ – □□□□□

7 Bruder von Kain – Vertiefung in der Bauchmitte

→ □□□□ – □□□□□

8 Mädchenname – Mutter von Samuel; (1 Samuel 1)

→ □□□□ – □□□□□

9 schwedischer Männername – Balten

→ □□□□ – □□□□□

10 nordisches Göttergeschlecht – Wiese

→ □□□□ – □□□□□

11 Ringelwurm, Blutsauger – Richtschnur, Norm

→ □□□□ – □□□□□

12 Aristokratie – Nähgerät

→ □□□□ – □□□□□

13 Fulda-Zufluss mit Talsperre – Bewohner von Medien

→ □□□□ – □□□□□

14 Zeitabschnitte – Stockwerk

→ □□□□ – □□□□□

15 Singvogel; Augenkrankheit – babylonische Hauptgöttin

→ □□□□ – □□□□□

16 Zirbelkiefer – Wundmal

→ □□□□ – □□□□□

17 Stacheltier – Zwerg, Bruder Wielands

→ ☐☐☐☐ – ☐☐☐☐☐

18 Zahl – behutsam, vorsichtig

→ ☐☐☐☐ – ☐☐☐☐☐

19 Theaterplatz – Lobrede

→ ☐☐☐☐ – ☐☐☐☐☐

20 englisch für Briefpost – Schmelzüberzug

→ ☐☐☐☐ – ☐☐☐☐☐

21 männliches Schwein – größte Körperdrüse

→ ☐☐☐☐ – ☐☐☐☐☐

22 Maß, Richtschnur, maßlich – erstaunlich

→ ☐☐☐☐ – ☐☐☐☐☐

Lösung: ☐☐☐☐ ☐☐☐ ☐☐☐☐☐

☐☐☐☐☐ ☐☐☐☐☐

Bibelvers-Quiz (Sprichwörter / Liedruf) ☆☆

Nenne die richtige Antwort a, b oder c. Wie lauten die Bibelverse weiter? Die **ersten** Buchstaben der **richtigen** Antworten ergeben, von oben nach unten gelesen, den Anfang eines Liedes.

1 aus Sprichwörter 19

Besser ein …, der schuldlos seinen Weg geht, als einer mit verlogenen Lippen, der ein Tor ist.

☐ a) Reicher ☐ b) Armer ☐ c) Mitteloser

2 aus Sprichwörter 19

Die Torheit verdirbt dem … den Weg und dann grollt sein Herz gegen den Herrn.

☐ a) Menschen ☐ b) Manne ☐ c) Kinde

3 aus Sprichwörter 19

Wer Verstand erwirbt, liebt sich selbst, wer … bewahrt, findet sein Glück.

☐ a) Einsicht ☐ b) Selbstkritik ☐ c) Selbstbeherrschung

4 aus Sprichwörter 21

Das Verlangen des Frevlers geht nach dem Bösen, sein … findet bei ihm kein Erbarmen.

☐ a) Feind ☐ b) Gegner ☐ c) Nächster

5 aus Sprichwörter 10

Züchtige deinen Sohn, solange noch … ist, doch lass dich nicht hinreißen, ihn zu töten.

☐ a) Zuversicht ☐ b) Gelassenheit ☐ c) Hoffnung

6 aus Sprichwörter 22

Guter Ruf ist kostbarer als großer Reichtum, hohe(s) … besser als Silber und Gold.

☐ a) Achtung ☐ b) Wertschätzung ☐ c) Ansehen

7 aus Sprichwörter 19

Ein falscher Zeuge bleibt nicht ungestraft, wer … flüstert, wird nicht entrinnen.

☐ a) Unwahrheiten ☐ b) Lügen ☐ c) Verleumdungen

8 aus Sprichwörter 19

Die Gottesfurcht führt zum …; gesättigt geht man zur Ruhe, von keinem Übel heimgesucht.

☐ a) Leben ☐ b) Dasein ☐ c) Sünder

9 aus Sprichwörter 19

Wer Erbarmen hat mit dem …, leiht dem Herrn; er wird ihm seine Wohltat vergelten.

☐ a) Armen ☐ b) Elenden ☐ c) Kranken

10 aus Sprichwörter 20

Wer seinem Vater flucht und seiner Mutter, dessen … erlischt zur Zeit der Finsternis.

☐ a) Docht ☐ b) Kerze ☐ c) Lampe

11 aus Sprichwörter 19

Schlägst du den Zuchtlosen, so wird der … klug; weist man den Verständigen zurecht, gewinnt er Einsicht.

☐ a) Unerfahrene ☐ b) Unwissende ☐ c) Dumme

12 aus Sprichwörter 19

Der maßlos … muss büßen; denn willst du schlichten, machst du es noch ärger.

☐ a) Böse ☐ b) Jähzornige ☐ c) Ungläubige

13 aus Sprichwörter 22

Wer ein gütiges … hat, wird gesegnet, weil er den Armen von seinem Brot gibt.

☐ a) Licht ☐ b) Sehorgan ☐ c) Auge

Lösung: ☐☐☐☐ ☐☐☐☐☐☐☐☐☐

Wer weiß es? (Lukas 1,5) ☆☆

Nenne die richtige Antwort a, b oder c. Die **ersten** Buchstaben der **richtigen** Antworten ergeben, von oben nach unten gelesen, den Namen eines Königs von Juda (Lukas 1,5).

1 Sohn des Kain und Vater von Irad (Genesis 4,17-18)

☐ a) Jafet ☐ b) Nun ☐ c) Henoch

2 damit sind die Grundsteine der Stadtmauer des himmlischen Jerusalem geschmückt

☐ a) Edelsteine ☐ b) Gold ☐ c) Marmor

3 Engel, der zur Heilung von Tobit und Sara gesandt war (Tobit 3,17) und Tobias auf dessen Reise begleitete (Tobit 5,4)

☐ a) Rafael ☐ b) Gabriel ☐ c) Michael

4 ein in den Pastoralbriefen gerühmter Christ; er soll Paulus in Ephesus wie in Rom beigestanden haben (2 Timotheus 1,16)

☐ a) Krispus ☐ b) Onesiphorus ☐ c) Onesimus

5 zweiter israelitischer König

☐ a) Saul ☐ b) David ☐ c) Salomo

6 Mutter von Johannes dem Täufer (Lukas 1,24.36.57.60)

☐ a) Lydia ☐ b) Maria ☐ c) Elisabet

7 König von Edom; sein Vorgänger war Hadad, sein Nachfolger Schaul (Genesis 36,36-37)

☐ a) Samla ☐ b) Sanherib ☐ c) Ela

8 Jüngste Tochter Herodes Agrippas I., Schwester Agrippas II. und der Berenike. Sie verließ ihren ersten Mann, um den römischen Prokurator von Judäa, Felix, zu heiraten. Vor ihr und Felix soll Paulus über Gerechtigkeit, Enthaltsamkeit und das bevorstehende Gericht gesprochen haben (Apostelgeschichte 24,24-25)

☐ a) Evodia ☐ b) Drusilla ☐ c) Herodias

9 davon gibt es genau vier in der Bibel

☐ a) Mosebücher ☐ b) Paulusbriefe ☐ c) Evangelien

10 babylonische Gottheit, deren Kult nach dem Fall des Nordreichs in Samaria eingeführt wurde (Apostelgeschichte 7,43)

☐ a) Awa ☐ b) Romfa ☐ c) Rosch

11 Stadt Benjamins (Josua 18,24)

☐ a) Geba ☐ b) Jamin ☐ c) Kelach

12 diesen Vogel ließ Noach als ersten aus der Arche fliegen

☐ a) Taube ☐ b) Eule ☐ c) Rabe

13 Sohn von Boas und Rut (Rut 4,13-16)

☐ a) Oded ☐ b) Obed ☐ c) Ebed

14 Seine sieben Söhne waren als umherziehende Exorzisten unterwegs und versuchten, im Namen Jesu Dämonen auszutreiben, doch erfolglos: Der Mann, der vom bösen Geist besessen war, ging auf sie los, sodass sie fliehen mussten (Apostelgeschichte 19,14-16).

☐ a) Skeuas ☐ b) Mnason ☐ c) Stachys

15 er starb durch die Hand einer Frau, der Jaël, unter deren Zelt er sich verborgen hatte (Richter 4,17-22)

☐ a) Gerschon ☐ b) Aja ☐ c) Sisera

16 Christ in Philippi, Abgesandter der Gemeinde, der dem gefangenen Paulus materielle Unterstützung brachte; er wurde krank und sehnte sich nach Philippi zurück (Philipper 2,25-30)

☐ a) Onesiphorus ☐ b) Epaphroditus ☐ c) Epaphras

Lösungswort: ☐☐☐☐☐☐☐ ☐☐☐

☐☐☐☐☐☐

Silben-Ergänzungsrätsel – ein Lobpreis auf die Befreiung Israels (Psalmen) ☆☆

Die fehlenden Silben müssen richtig in die Bibelverse eingefügt werden. Jedes Kästchen steht für einen Buchstaben. Gesucht wird einer der Psalmen.

be – ber – che – da – dan – dem – der – el – er – flut – frem – ge – ge – ge – ge – ge – ge – gel – gel – got – ja – jor – kie – kobs – lig – litz – mer – mer – ner – ra – schaft – ser – ten – ten – tes – wan – weichst – wid – wur – zog – zu

Als Is ☐☐ el aus Ägyp ☐☐☐ aus ☐☐☐,

Ja ☐☐☐☐ Haus aus dem Volk mit ☐☐☐☐ der

Spra ☐☐☐, da ☐☐☐ de Ju ☐☐ Got ☐☐☐

Hei ☐☐☐ tum, Isra ☐☐ das ☐☐ biet sei ☐☐☐

Herr ☐☐☐☐☐☐. Das Meer sah es und floh, der

☐☐☐ dan wich ☐☐ rück. Die Ber ☐☐ hüpf ☐☐☐

wie Wid ☐☐☐, die Hü ☐☐☐ wie jun ☐☐

Läm ☐☐☐. Was ist mit dir, Meer, dass du fliehst, und mit dir,

Jor ☐☐☐, dass du zurück ☐☐☐☐☐☐☐?

Ihr ☐☐☐ ge, was hüpft ihr wie ☐☐☐ der, und ihr

Hü ☐☐☐, wie jun ☐☐ Läm ☐☐☐? Vor dem Herrn

er □□ be, du □□ de, vor dem Ant □□□□ des

□□□ tes □□ kobs, der den Fels zur Wasser □□□□

□□□ delt und □□□ sel □□ stein zu

quellen □□□ Was □□□.

Silben-Liedrätsel ☆☆

Bei diesem Rätsel sind nur die Silben und Bibelstellen vorhanden. Die **ersten** Buchstaben ergeben, von oben nach unten gelesen, den Anfang eines Liedes.

ad – bat – bo – bor – de – de – e – e – e – el – ge – go – hat – is – kar – la – la – la – la – li – ma – ma – me – mi – mi – na – na – na – ni – no – o – om – on – ra – ra – ri – sa – san – schan – ta – tab – tan – te – tib – ur

1	Richter 4,4	→	☐☐☐☐☐☐
2	2 Chronik 17,14	→	☐☐☐☐
3	Sirach 47,1	→	☐☐☐☐☐
4	Genesis 46,9	→	☐☐☐☐☐
5	Jeremia 29,3	→	☐☐☐☐☐
6	Genesis 25,15	→	☐☐☐☐
7	Genesis 46,21	→	☐☐☐☐
8	1 Könige 16,16-22	→	☐☐☐☐
9	Richter 4,12.14	→	☐☐☐☐☐
10	Richter 7,22	→	☐☐☐☐☐☐
11	Numeri 21,30	→	☐☐☐☐☐☐

12 Josua 15,52 → ☐☐☐☐☐☐

13 1 Chronik 1,37 → ☐☐☐☐☐

14 Rut 1,19 → ☐☐☐☐☐

15 1 Könige 16,14 → ☐☐☐

16 Genesis 24,51 → ☐☐☐☐☐☐☐

17 Genesis 16,16 → ☐☐☐☐☐☐

18 Richter 3,26 → ☐☐☐☐☐☐

19 Genesis 46,13 → ☐☐☐☐

20 2 Könige 19,12 → ☐☐☐☐☐

21 Genesis 11,28 → ☐☐

22 1 Könige 16,21-22 → ☐☐☐☐☐

Lösung: ☐☐☐☐☐☐ ☐☐☐☐ ☐☐☐☐

☐☐ ☐☐☐ ☐☐☐

Zahlen verbinden (Exodus 32,4) ☆

Aaron schmolz den goldenen Schmuck ein und machte daraus das Standbild eines Tieres. Welches Tier nahm er als Abbild (Exodus 32,4)?

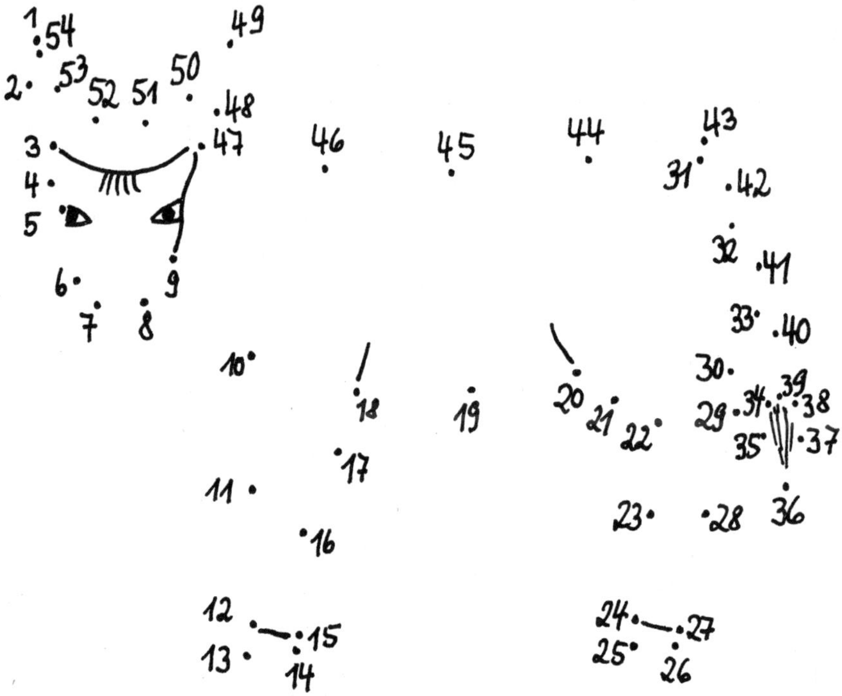

Lösungswort:

Die Geburt Jesu (Lukas 2,1-7) – falsche Wörter ☆☆

In diese biblische Geschichte haben sich zwölf falsche Wörter eingeschlichen. Die richtigen Wörter stehen oben in alphabetischer Reihenfolge. Wer findet die falschen Wörter zuerst und tauscht sie gegen die richtigen aus?

Augustus – Bewohner – Davids – eine Krippe – Erstgeborenen – Haus – Herberge – Josef – Maria – Nazaret – Syrien – Zeit

In jenen Tagen erließ Kaiser Herodes den Befehl, alle Leute des Reiches in Steuerlisten einzutragen. Dies geschah zum ersten Mal; damals war Qurinius Statthalter von Jordanien. Da ging jeder in seine Stadt, um sich eintragen zu lassen. So zog auch Simon von der Stadt Jerusalem in Galiläa hinauf nach Judäa in die Stadt Sauls, die Betlehem heißt; denn er war aus dem Stamm und Geschlecht Davids. Er wollte sich eintragen lassen mit Marta, seiner Verlobten, die ein Kind erwartete. Als sie dort waren, kam für Maria die Minute ihrer Niederkunft und sie gebar ihren Sohn, den Zweitgeborenen. Sie wickelte ihn in Windeln und legte ihn in ein Bett, weil in der Pension kein Platz für sie war.

Lösungen der Reihe nach:

____________________ ____________________

____________________ ____________________

____________________ ____________________

____________________ ____________________

____________________ ____________________

____________________ ____________________

Umstellrätsel (Genesis) ☆☆

Die Buchstaben sind innerhalb der Reihen so zu versetzen, dass Wörter mit der angegebenen Bedeutung entstehen. Die **ersten** Buchstaben der **gefundenen** Wörter ergeben, von oben nach unten gelesen, die Namen einer Familie aus dem Alten Testament.

1	A B D E N	→ Tageszeit	→	☐☐☐☐☐
2	D E E N U	→ Flugsandhügel	→	☐☐☐☐☐
3	A D E I U	→ französisches Abschiedswort	→	☐☐☐☐☐
4	E L M O S	→ Rhein-Zufluss	→	☐☐☐☐☐
5	E E N R T	→ einjähriges Fohlen, Kalb, Schaf	→	☐☐☐☐☐
6	E I L S V	→ Rohwolle des Schafes	→	☐☐☐☐☐
7	A E L M P	→ Verkehrssignalanlage	→	☐☐☐☐☐
8	A K R T U	→ Pflanzenform; Gemüse	→	☐☐☐☐☐
9	A A I M T	→ italienische Geigenbauerfamilie	→	☐☐☐☐☐
10	D E I N R	→ Asiat	→	☐☐☐☐☐
11	A B E L N	→ Vertiefung in der Bauchmitte	→	☐☐☐☐☐
12	A R S T U	→ britischer Sagenkönig um 500	→	☐☐☐☐☐
13	A B B E R	→ Karpfenfisch	→	☐☐☐☐☐

14 E E R T U → tierisches Milchorgan → ☐☐☐☐☐

15 B E E L R → größte Körperdrüse → ☐☐☐☐☐

16 I L L S T → lautlos, ruhig → ☐☐☐☐☐

17 A E O R T → Muse der Liebespoesie → ☐☐☐☐☐

18 A A L R T → Amtstracht → ☐☐☐☐☐

Lösungswörter: ☐☐☐☐ ☐☐☐ ☐☐☐☐

☐☐☐☐ ☐☐☐

Spruchversteckrätsel (Neues Testament) ☆☆

In jedem der nachstehenden Wörter ist eine Silbe versteckt. Sind sämtliche Silben gefunden, so ergeben sie – fortlaufend gelesen – jeweils einen Bibelvers. Die Groß- und Kleinschreibung wurde bei den Wortanfängen nicht berücksichtigt.

1 aus 1 Korinther 15

Wasser – Gemeinde – saettigen – sie wird – Egoist – Verse – Westen – Lichter – Wasserlauf – Auflauf – Erle – geweckt – er wird – Unna – Verseschmied – Western – Lichterfest

Lösung:

2 aus Johannes 6

Werner – sie glaubt – Hattingen – Midas – Egon – wider – Gepard – lesen – Benno

Lösung:

3 aus Johannes 16

Bitte – rettet – Undset – ihren – Werder – Detmold – Emma – Pfanne – Genre – David – hiermit – Euter – Regen – freuen – Demokratie – Vollwert – Kommando – Menschen – Istbestand

Lösung: ☐☐☐☐☐☐ ☐☐☐ ☐☐☐

☐☐☐☐☐☐ ☐☐☐☐☐☐☐☐☐

☐☐☐☐☐ ☐☐☐☐ ☐☐☐☐☐☐

☐☐☐☐☐☐☐☐☐☐ ☐☐☐

Neue Köpfe (Neues Testament) ☆

17 Wörter sollen einen anderen Anfangsbuchstaben bekommen und dadurch zu neuen Wörtern werden. Die Bedeutung der neuen Wörter steht hinter dem alten Begriff. Die neuen **Anfangsbuchstaben** ergeben, von oben nach unten gelesen, den Namen eines Buches im Neuen Testament.

1	OMEN	→	Gebetsschluss:	☐MEN
2	SAUL	→	Papstname:	☐AUL
3	EDER	→	Strom zum Stettiner Haff:	☐DER
4	LACK	→	Stoffbehälter:	☐ACK
5	BANK	→	Flüssigkeitsbehälter:	☐ANK
6	OBER	→	männliches Schwein:	☐BER
7	MAUS	→	Ungeziefer, Blutsauger:	☐AUS
8	LAST	→	Besucher:	☐AST
9	ISEL	→	Trag-, Reittier:	☐SEL
10	WAND	→	Mörtelbestandteil:	☐AND
11	THOR	→	Gesangssgruppe:	☐HOR
12	LAND	→	Greifglied:	☐AND
13	ELSE	→	Mädchenname:	☐LSE

14 KENT	→	Münze in vielen Ländern:	☐ENT
15 REGE	→	Wildpflege:	☐EGE
16 BIER	→	Lebewesen:	☐IER
17 ADEN	→	Paradiesgarten:	☐DEN

Lösungswort:

Bibelquiz aus dem Alten Testament / Tobit 7 ☆ bis ☆☆☆

Nenne die richtige Antwort a, b oder c. Wenn du die **ersten** Buchstaben der **richtigen** Wörter hintereinander liest, ergibt sich ein Bibelvers aus Tobit 7.

1 Mutter von Samuel (1 Samuel 1)

☐ a) Sara ☐ b) Hanna ☐ c) Rebekka

2 Vater von Isaak (Genesis 17,17; 21,4)

☐ a) Abraham ☐ b) Esau ☐ c) Jakob

3 Frau des Urija; spätere Frau von David und Mutter von Salomo (2 Samuel 11,2-17)

☐ a) Ester ☐ b) Batseba ☐ c) Lea

4 Anrede an Gott

☐ a) Rabbi ☐ b) Papa ☐ c) Vater

5 Zwillingsbruder von Jakob (Genesis 25,25-26)

☐ a) Esau ☐ b) Elifas ☐ c) Ruben

6 Frau von Boas (Rut 2-4)

☐ a) Rahel ☐ b) Basemat ☐ c) Rut

7 Schwester von Abschalom, Tochter Davids und der Maacha (2 Sam 13,1-22.32)

☐ a) Silpa ☐ b) Tamar ☐ c) Michal

8 ältester Sohn von Jakob (Genesis 35,23)

☐ a) Levi ☐ b) Naftali ☐ c) Ruben

9 Sohn von Adam und Eva, Hirte, dessen Opfergabe Gott gefiel im Gegensatz zum Opfer des Kain, seines älteren Bruders, der ihn aus Neid tötete (Genesis 4,2-16.25)

☐ a) Abel ☐ b) Set ☐ c) Jafet

10 Sohn Abinadabs; mit seinem Bruder Achjo führte er den Wagen, der die Bundeslade vom Haus seines Vaters nach Jerusalem brachte. Als er die Lade berührte, starb er sofort (2 Samuel 6,3-8)

☐ a) Asa ☐ b) Usa ☐ c) Ira

11 Paradiesgarten (Genesis 2,8)

☐ a) Aden ☐ b) Iden ☐ c) Eden

12 er baute auf Gottes Geheiß eine Arche (Genesis 6,5-8,22)

☐ a) Noach ☐ b) Abraham ☐ c) Isaak

13 Sohn von Amram und der Jochebed, Bruder von Aaron und Mirjam (Exodus 6,20)

☐ a) Mose ☐ b) Esau ☐ c) Ham

14 Frau von Adam (Genesis 2,19-23)

☐ a) Sara ☐ b) Hagar ☐ c) Eva

15 Vater von David (1 Chronik 2,13-15)

☐ a) Boas ☐ b) Isai ☐ c) Obed

16 Schwiegermutter von Rut und Orpa (Rut 1,2)

☐ a) Debora ☐ b) Delila ☐ c) Noomi

17 Vater des Saul (1 Samuel 9,3)

☐ a) Kisch ☐ b) Jonatan ☐ c) Abner

18 Sohn des Pinhas, geboren an dem Tage, als die Bundeslade von den Philistern erobert wurde, als sein Vater, sein Onkel Hofni, seine Mutter und sein Großvater Eli starben (1 Samuel 4,21)

☐ a) Elifas ☐ b) Ikabod ☐ c) Benjamin

19 Reicher Viehzüchter in Karmel im Bergland Juda. Er weigerte sich, für den Schutz zu zahlen, den David seinen Herden gewährte, er wollte sich also nicht erpressen lassen. Als er am nächsten Tag aus dem Mund seiner Frau erfuhr, dass David zur Rache entschlossen war, wurde er vom Schlag getroffen und starb (1 Samuel 25,2-39).

☐ a) Laban ☐ b) Joram ☐ c) Nabal

20 Altarabisch kokette Frau, aus dem Tal Sorek. Durch List erfuhr sie das Geheimnis der Stärke Simsons und lieferte ihn den Philistern aus (Richter 16,4-10).

☐ a) Delila ☐ b) Debora ☐ c) Naama

Lösung: ☐☐☐ ☐☐☐☐☐☐☐☐☐

☐☐☐☐ ☐☐☐☐

Rösselsprung (Psalmen) ☆☆

Beim **Rösselsprung** sind die Silben in einem Gitter nach dem gleichen System angeordnet, wie ein Springer beim Schach zieht. Das heißt, um die nächste Silbe zu finden, muss man entweder zwei Felder vor und eins zur Seite springen oder zwei Felder zur Seite und eins vor. Startfeld ist jeweils das erste Kästchen links oben. Richtig aneinandergefügt, ergeben sich Verse aus dem Buch der Psalmen.

1 aus Psalm 22

er*	die	frei	soll	den
be	der	auf	ze	en
last	wael	ihn	herrn	◇

Lösung: ______________________________

____

2 aus Psalm 49

sie*	men	ren	reich	las
◇	sen	ver	sich	be
rueh	ih	◇	sen	tums
gros	◇	ganz	sitz	ih
auf	und	res	◇	sich

Lösung: ______________________________

____

3 aus Psalm 22

al*	die	die	hen	chen	pen	den
mich	ver	zie	lip	teln	◇	mich
hen	le	se	la	ver	kopf	schuet

Lösung: ______________________________

____

Treppenrätsel (Apostelgeschichte 13,9 / Altes Testament) ☆☆

Bei richtiger Lösung nennt die erste **Senkrechte** den Namen eines Apostels (Apostelgeschichte 13,9) und die zweite Senkrechte ein Buch im Alten Testament.

1

→ **1** italienischer Strom

→ **2** Behörde, Dienststelle

→ **3** Zarenerlass

→ **4** gezogener Strich

→ **5** Vokalveränderung

→ **6** Knochengerüst

Lösungswort:

2

→ **1** Zusage, Zustimmung

→ **2** Frau von Adam

→ **3** Wickelgewand der Inderin

→ **4** Greif-, Wappenvogel

→ **5** Trimm-dich-Läufer

→ **6** törichte Lustigkeit

Lösungswort:

Labyrinth (Lukas 1,39) ☆

Maria besucht Elisabet und Zacharias. Wer zeigt ihr den Weg übers Gebirge (Lukas 1,39)?

Lösungswörter suchen (Psalm 7) ☆☆

Trage die Begriffe von 1 bis 24 in die Kästchen ein. Die **Anfangsbuchstaben** der gefundenen Wörter ergeben, hintereinander gelesen, einen Bibelvers aus Psalm 7.

1				
2				
3				
4				
5				
6				
7				
8				
9				
10				
11				
12				

13				
14				
15				
16				
17				
18				
19				
20				
21				
22				
23				
24				

Lösung:

1 Kindeskind **2** Hauptstrom Pakistans **3** Rechts-, Urkundenbeamter **4** millitärischer Ehrengruß **5** Spaßmacher im Zirkus **6** Kreditseite (Buchführung) **7** Persönlichkeitsbild **8** gegerbte Tierhaut **9** Schonkost **10** politischer Extremist **11** Hülsenfrucht **12** Beweisstück; Quittung **13** Nachlassempfängerin **14** schwarzes Pferd **15** Verdauungsorgan **16** Epos über Troja **17** englisch für Fluss **18** unempfänglich, gefeit **19** Buch-, Heftteil **20** Sakrament **21** bejahrter Mann **22** klösterliche Vereinigung **23** Rüge, Verweis **24** Dreschboden.

Bilderrätsel (Apostelgeschichte 10) ☆

In Cäsarea lebte ein römischer Hauptmann, der an Gott glaubte. Wie hieß er? Um es herauszufinden, sind die dargestellten Begriffe zu erraten. Ihre **Anfangsbuchstaben** ergeben, nacheinander gelesen, seinen Namen aus Apostelgeschichte 10.

Lösungen:

Lösungswort:

Wörter mit doppelter Bedeutung (Exodus 6,23) ☆☆

Es sind Namen und Begriffe zu suchen, die zwar gleich klingen und gleich geschrieben werden, aber ganz verschiedene Bedeutung haben können. Die **Anfangsbuchstaben** ergeben, von oben nach unten gelesen, den Namen eines Sohnes von Aaron (Exodus 6,23).

1 Badeort im Vogtland (Bad …) – Rabenvogel

→ | | | | | |

2 parlamentarische Beratung – Vortrag aus der Bibel

→ | | | | | |

3 deutscher Filmregisseur; gestorben 1971 – deutscher Sozialist; gestorben 1895

→ | | | | | |

4 Befreiung von Sündenstrafen – Abflussöffnung

→ | | | | | |

5 Glanz; Trugbild – Banknote

→ | | | | | |

6 kurze Darstellung – Gebäudeabbruch

→ | | | | | |

7 Trockengestell – Pferdesportler

→ | | | | | |

Lösungswort: | | | | | | |

Biblische Geschichte im Bild (1 Samuel 16,1-13) ☆☆

Welches Ereignis aus dem Leben Davids ist hier dargestellt?

Lösung: ______________________________

Kästchen-Ergänzungsrätsel (Neues Testament) ☆☆

Trage die Begriffe von 1 bis 12 in die waagerechten Kästchen ein. Die **zweiten** Buchstaben der **gefundenen** Wörter ergeben, von oben nach unten gelesen, einen Brief aus dem Neuen Testament.

1					
2					
3					
4					
5					
6					
7					
8					
9					
10					
11					
12					

1 kanaäische Stadt (Richter 1,35)

2 Festungswerk

3 römisches Hirtenlied

4 Abendmahlsoblate

5 Bleibe, Asyl

6 Zeitungsspalte; Fach

7 Hauptstadt von Eritrea

8 Leugnung (in … stellen)

9 Tätigkeit

10 Hautflüglerfamilie; Honig„produzenten"

11 deutsche Hauptstadt

12 Wirkung, Erfolg

Lösungswort:

Malen nach Symbolen (Lukas 2) ☆

Wenn man die Felder in den angegebenen Farben ausmalt, erkennt man ein Ereignis aus Lukas 2.

Farben: o = rosa/beige, + = blau, - = gelb, = = braun,
^ = hellbraun, < = grau, > = grün

Lösung:

		B							S	

Hier stimmt was nicht! (Johannes 11,1-43) ☆

Welche fünf Gegenstände gehörten ganz sicher nicht in das Haus von Lazarus und seinen Schwestern (Johannes 11,1-43)?

Lösungen:

		C			

			D	

				K					G	

			Z			I		

		M		

Kammrätsel (Sacharja 12,11) ☆☆

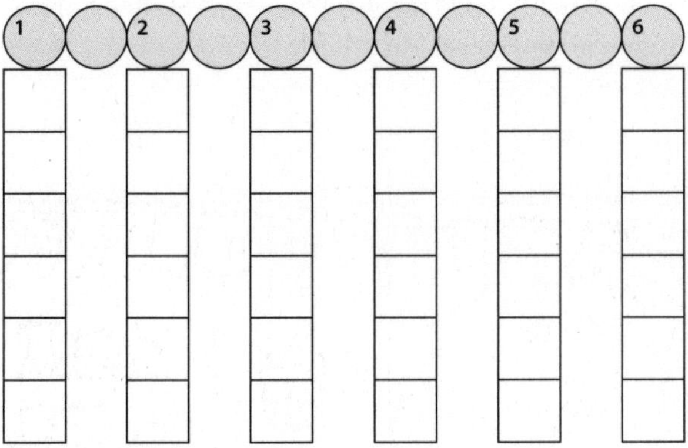

Waagerecht: phönizische Vegetationsgottheit, deren Tod jedes Jahr am Ende der Erntezeit begangen wurde (Sacharja 12,11)

Senkrecht: **1** Dünkel, Hoffart **2** Fehlbetrag; Minus, Verlust **3** Erinnerungsbauwerk **4** Blumensteckkunst **5** Gedenkstätte **6** Elementarteilchen

Die Spitze fehlt (Lukas 2,39.51 / Lukas 2,1-20) ☆☆

Für jedes Kästchen ist ein Buchstaben einzusetzen, sodass in den senkrechten Reihen sinnvolle Hauptwörter oder Namen entstehen. Bei richtiger Lösung nennt die obere Waagerechte …

1 … den Wohnort von Josef, Maria und Jesus (Lukas 2,39.51).

O	A	A	M	U	L	R
A	R	D	R	F	I	O
C	O	O	A	U	A	A
H	N	K	M	S	S	S

2 … den Geburtsort von Jesus (Lukas 2,1-20).

F	I	I	U	N	A	S	A
T	S	E	K	D	N	S	N
E	E	R	A	O	N	E	N
N	N	E	S	R	A	N	A

Spiele

Pflanzen in der Bibel – Bibel-Mal-Spiel

Material: Bibel
Tafel und Kreide oder alte Tapete / Plakatkarton und dicke Filzstifte
Kopien der unten angegebenen Bibelstellen

Mitspieler: beliebig viele

Spielverlauf:
Der erste Spieler wird ausgewählt. Er nimmt die Bibel und sucht die erste Bibelstelle der Liste. Er liest sie still durch und zeichnet die dort erwähnte Pflanze an die Tafel bzw. auf das Plakat.

Die Mitspieler versuchen, die Pflanze zu erraten. Wer sie zuerst erkennt und richtig benennt, darf mit der nächsten Bibelstelle weitermachen.

Abwandlung:
Man kann das Spiel auch als Wettspiel in 2 Gruppen spielen. Es kommt dann darauf an, welche Gruppe in der vorgegebenen Zeit (zum Beispiel 5 Minuten) die meisten Pflanzen erraten hat.

Liste der Bibelstellen:		Lösungen:	
1	Psalm 81,17	**1**	Weizen
2	Hohelied 4,3	**2**	Granatapfel
3	Genesis 43,11 (erste)	**3**	Pistazien
4	Matthäus 7,16 (letzte)	**4**	Trauben
5	Johannes 15,5	**5**	Weinstock
6	Rut 1,22	**6**	Gerste
7	Jesaja 1,8 (letzte)	**7**	Gurken
8	Matthäus 6,28	**8**	Lilie

Liste der Bibelstellen:

9	Numeri 11,5 (letzte)
10	Exodus 2,3
11	Hosea 10,8 (letzte)
12	Numeri 17,23
13	Hoheslied 2,5 (letzte)
14	Numeri 11,5 (zweite)
15	Josua 24,26
16	Psalm 92,13 (erste)
17	2 Samuel 17,28 (fünftes)
18	Ijob 40,15
19	Jesaja 24,13

Lösungen:

9	Zwiebel
10	Schilf
11	Disteln
12	Mandeln
13	Äpfel
14	Melone
15	Eiche
16	Palme
17	Bohnen
18	Gras
19	Oliven

Gegenstände in der Bibel – Bibel-Mal-Spiel

Spielvorbereitung und Ablauf: siehe Pflanzen in der Bibel

Liste der Bibelstellen:		Lösungen:	
1	Lukas 2,16 (letzter)	**1**	Krippe
2	Sprichwörter 10,9	**2**	Weg
3	Genesis 11,3 (erster)	**3**	Ziegel
4	Lukas 3,9 (erster)	**4**	Axt
5	Psalm 2,6 (letzter)	**5**	Berg
6	Matthäus 2,10	**6**	Stern
7	Lukas 3,16 (letzter)	**7**	Feuer
8	Psalm 31,5	**8**	Netz
9	Lukas 3,17 (erster)	**9**	Schaufel
10	Psalm 5,10 (erster)	**10**	Mund
11	Exodus 2,15 (letzter)	**11**	Brunnen
12	Psalm 18,30 (letzter)	**12**	Mauer
13	Richter 8,17 (erster)	**13**	Burg
14	2 Könige 4,32 (letzter)	**14**	Bett
15	Johannes 18,10 (erster)	**15**	Schwert
16	Exodus 4,2 (letzter)	**16**	Stab
17	Apostelgeschichte 27,2 (erster)	**17**	Schiff
18	Matthäus 13,46	**18**	Perle
19	Sprichwörter 18,10	**19**	Turm
20	Matthäus 10,38	**20**	Kreuz

„Laufend“ durchs Alte und Neue Testament – Bibel-Staffel-Lauf

Material:

- für jede Staffel eine Bibel
- Kopien mit den unten angegebenen Bibelstellen
- 2 kleine Tische
- 2 Stifte

Mitspieler: 4 bis 30

Spielverlauf: im Freien
In etwa 10 Meter Entfernung werden die beiden Tische mit je einer Bibel und einer Kopie der Bibelstellen aufgestellt. Die Mitspieler werden in 2 gleich große Gruppen aufgeteilt. Notfalls muss bei einer Gruppe ein Spieler zweimal laufen.

Bei den Tischen stehen 2 Jurymitglieder, die überprüfen, ob die Bibelstelle richtig aufgeschlagen wurde.

Auf Kommando des Spielleiters laufen die ersten beiden Spieler zu den Tischen, lesen die erste Bibelstelle, schlagen sie in der Bibel auf, lesen sie dem Jurymitglied vor und haken sie auf dem Blatt ab. Die Bibel muss wieder zugeschlagen werden. Nun laufen sie zu ihrer Mannschaft zurück und schlagen den nächsten Mitspieler an. Dieser läuft los und verfährt genauso. Die Mannschaft, die am schnellsten alle Bibelstellen gefunden hat, gewinnt den Staffellauf.

Alle Bibelstellen haben etwas mit „laufen, gehen, eilen, reisen“ usw. zu tun.

Spielverlauf: im Haus
Wenn ein großer Raum zur Verfügung steht, kann genauso gespielt werden. Sonst stellt man die Tische mit den Bibeln in einem Nebenzimmer, auf dem Balkon oder der Terrasse auf.

Bibelstellen im Alten Testament:

1 Genesis 18,6
2 Genesis 28,20
3 Exodus 11,4
4 Ijob 9,8
5 1 Könige 18,46
6 Psalm 19,6
7 Psalm 119,32
8 Psalm 147,15
9 Sprichwörter 18,10
10 Jesaja 2,3
11 Jesaja 40,31b
12 Jesaja 55,5
13 Jeremia 1,7
14 Zefanja 1,14
15 Haggai 1,9b

Bibelstellen im Neuen Testament:

1 Matthäus 2,12
2 Lukas 10,31
3 Lukas 15,20
4 Lukas 24,12
5 Johannes 6,68
6 Johannes 20,4
7 Apostelgeschichte 4,21
8 Apostelgeschichte 20,24
9 Römer 15,24
10 1 Korinther 9,24
11 Galater 2,2
12 Galater 5,7
13 Philipper 2,16
14 2 Timotheus 4,4
15 Hebräer 12,1b

„Stadt–Land–Fluss“ in der Bibel

Material:

- 1 Spielblatt pro Spieler
- 1 Stift pro Spieler
- Bibel oder
- Bibellexikon oder
- Konkordanz zum Prüfen der Einträge

Mitspieler: beliebig viele

Spielverlauf: Der jüngste Mitspieler sagt sich stumm das Alphabet vor. Sein rechter Nachbar ruft nach ein paar Sekunden: „Stopp!“ Der Buchstabe, bei dem er angekommen war, ist der Anfangsbuchstabe der gesuchten Wörter. Jeder trägt in sein Spielblatt möglichst viele Begriffe mit diesem Anfangsbuchstaben ein. Wer als erster in jeder Spalte ein Wort gefunden hat, ruft: „Stopp!“ Nun darf niemand mehr etwas eintragen. Die Ergebnisse werden verglichen.

Für ein Wort, das sonst niemand geschrieben hat, gibt es 20 Punkte. Für ein Wort, das ein weiterer Spieler geschrieben hat, bekommen beide je 10 Punkte. Für ein Wort, das mehr als 2 Spieler geschrieben haben, bekommt jeder 5 Punkte.

Dann geht es mit einem anderen Anfangsbuchstaben in die nächste Runde. Wenn man unsicher ist, ob der Begriff auch in der Bibel vorkommt, schlägt der Spielleiter im Lexikon oder der Konkordanz nach.

Wer zum Schluss die meisten Punkte hat, gewinnt das Spiel.

Spielblatt:

Stadt	Land	Gewässer	Name	Pflanze	Tier

Beispiel:

Damaskus	Dalmatien	Drachen-quelle	David	Dattel-palme	Dachs

Tätigkeiten erraten – Pantomime

Material: Kopie der Liste mit Tätigkeiten

Mitspieler: beliebig viele

Spielverlauf: Der erste Spieler (zum Beispiel der Mutigste, der Jüngste ...) bekommt die erste Tätigkeit auf der Liste zu lesen, die anderen werden verdeckt. Er stellt die Tätigkeit pantomimisch dar.
Wer seine Tätigkeit errät, kommt als nächster an die Reihe, liest die zweite Tätigkeit und stellt sie dar. Der nächste Rater kommt dran usw.

Abwandlung: Es werden zwei Teams gebildet, die immer abwechselnd darstellen und raten. Das Team, das in vorgegebener Zeit die meisten Tätigkeiten errät, gewinnt das Spiel.

Liste mit Tätigkeiten:

- Ziegel herstellen
- töpfern
- Mauer bauen
- Fische fangen
- Netz auswerfen
- Teig kneten
- auf Schriftrolle schreiben
- Schriftrolle auf- und zurollen
- Harfe spielen
- Ähren auflesen
- Körner mahlen / Handmühle drehen
- Weintrauben treten (keltern)
- Stein mit Schleuder werfen
- Tuch weben
- Wasser am Brunnen schöpfen
- Weizen aussäen
- Getreide sieben
- Garn spinnen
- reiten
- Zelt aufbauen

Wer bin ich? – Personen aus der Bibel erraten

Material: Kärtchen mit Informationen der zu erratenden Personen

Mitspieler: mindestens 3

Spielverlauf: Ein Mitspieler bekommt das erste Personenkärtchen. Die anderen Spieler dürfen ihm nun Fragen stellen, die aber so formuliert sein müssen, dass er mit „ja" oder „nein" antworten kann (zum Beispiel: Bist du eine Frau? - Ja. – Lebst du zur Zeit Jesu? – Nein. usw.).

Wer die Personen errät, kommt als nächster mit Antworten an die Reihe.

Informationskärtchen:

1 Aaron

- Sohn von Amram und Jochebed
- Miriam, ältere Schwester
- Mose, jüngerer Bruder
- Elischeba, seine Frau
- 4 Söhne: Nadab, Abihu, Eleasar, Itamar
- Sprecher Moses beim Pharao
- errichtet auf Drängen des Volkes ein goldenes Stierbild
- wird Hohepriester Israels

2 Abigajil

- Ehemann: Nabal
- kluge Frau
- schön
- bringt David Geschenke, damit er ihren Mann nicht tötet
- nach Nabals Tod: Ehefrau von David
- von Amalekitern gefangen genommen
- von David wieder befreit
- bei Davids Salbung zum König dabei

3 Boas

- Grundbesitzer in Betlehem
- reich
- angesehen
- trifft die Moabiterin Rut, die auf seinem Feld Ähren sammelt
- heiratet Rut
- Sohn: Obed

4 Hanna

- Ehefrau des Elkana
- kinderlos
- deswegen verachtet und verspottet
- Gebet um einen Sohn im Heiligtum
- Sohn: Samuel, wird Gott geweiht
- bekommt noch 2 Söhne und 2 Töchter

5 Priska

- Ehemann: Zeltmacher Aquila
- aktive Christin
- lebten in Rom
- zogen 49 n. Chr. nach Korinth
- Paulus lebte eine Zeit lang bei ihnen
- begleiteten Paulus nach Ephesus und blieben dort
- Lehrerin von Apollos

6 Maria Magdalena

- stammt aus Magdala
- 7 Dämonen trieb Jesus von ihr aus
- treue Jüngerin
- sorgt mit anderen für den Unterhalt von Jesus und seinen Jüngern
- geht mit Jesus nach Jerusalem
- steht unter dem Kreuz
- hilft beim Begräbnis Jesu
- entdeckt am Ostermorgen das leere Grab
- ihr begegnet der Auferstandene als Erster

7 Lazarus

- lebte in Betanien
- Bruder von Maria und Marta
- Freund von Jesus
- Jesus besuchte ihn mehrmals
- Jesus erweckte ihn vom Tod
- 4 Tage im Grab
- nimmt am Festmahl im Haus Simons, des Aussätzigen, teil

8 Stephanus

- einer der 7 Diakone in der Jerusalemer Urgemeinde
- Aufgabe: Witwenversorgung
- starb als erster Märtyrer
- Steinigung
- herausragender Nachfolger Jesu
- tat Wunder und große Zeichen
- durch falsche Zeugen verleumdet

Symbole aus den Psalmen – Memospiel

Wie im Kapitel „Bastelideen“ erläutert, werden Memory-Kärtchen angefertigt mit diesen Bildern:

Liste der Bibelstellen:

1	Baum (1,3)	**11**	Tisch (23,5)
2	Blätter (1,3)	**12**	Feuer (29,7)
3	Krüge aus Ton (2,9)	**13**	Netz (31,5)
4	Schild (3,4)	**14**	Pfeile (38,3)
5	Schwert (7,13)	**15**	Schriftrolle (40,8)
6	Mond (8,4)	**16**	Harfe (43,4)
7	Sterne (8,4)	**17**	Waage (62,10)
8	Burg (9,10)	**18**	Buch (69,29)
9	Mauer (62,4)	**19**	Axt (74,5)
10	Zelt (19,6)	**20**	Hammer (74,6)

Alle Kärtchen werden verdeckt auf den Tisch gelegt, gemischt und in Reihen geordnet. Der erste Spieler deckt zwei beliebige Kärtchen auf. Alle versuchen, sich die Bilder einzuprägen. Dann werden die Kärtchen wieder umgedreht. Die weiteren Spieler gehen reihum genauso vor, bis einer zwei gleiche Kärtchen findet. Er darf das Pärchen an sich nehmen und kommt noch einmal dran. Das Spiel ist zu Ende, wenn alle Kärtchen aufgedeckt wurden. Sieger ist, wer die meisten Pärchen gefunden hat.

Bastelideen

Fünf Brote und zwei Fische – Mosaikbild (Matthäus 15,17)

(*Der Entwurf ist dem antiken Mosaikbild in Tabgha am See Gennesaret, Israel, nachempfunden.*)

Material:

- Glasmosaiksteinchen in den passenden Farben (Bastelgeschäft)
- oder: Fliesenreste / Bruchstücke (Fliesenleger / Baumarkt)
- Beißzange
- Alleskleber
- Zement
- Span- oder Sperrholzplatte in gewünschter Größe (2 cm dick)
- Plastikschüssel
- alte Tücher
- Schwamm
- Spachtel
- Bleistift
- Plakalack
- Pinsel

Anleitung:

1. Mit einem Bleistift wird der Entwurf (siehe Zeichnung) auf der Spanplatte skizziert.

   Wenn die Platte nicht imprägniert ist, muss sie vorher zweimal lackiert werden und vollständig austrocknen.

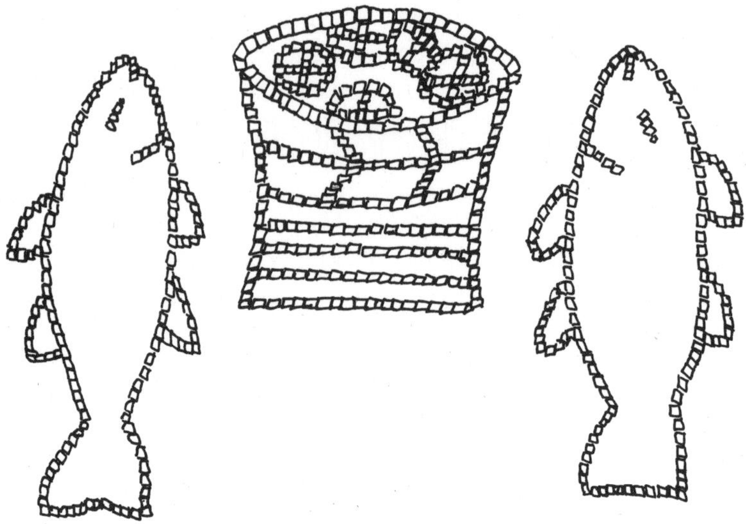

2. Nun werden die Mosaiksteinchen entsprechend der Skizze auf der Platte angeordnet. Zwischen den Steinchen muss etwas Abstand für den Zement bleiben.

3. Wenn die Steinchen zu groß sind oder Fliesen verwendet werden, müssen sie mit der Beißzange zerkleinert werden.

4. Nun beginnt das Aufkleben: Alle Steinchen bleiben auf der Platte liegen. Man nimmt immer nur ein Steinchen auf, bestreicht es mit Alleskleber und drückt es auf der Platte fest. Es ist nicht schlimm, wenn Klebstoff am Rand herausquetscht, denn er wird später mit Zement abgedeckt. Es ist aber sehr wichtig, genügend große Abstände zwischen den Steinchen zu lassen.

5. Anschließend muss der Klebstoff etwa 24 Stunden aushärten.

6. Dann rührt man 3–4 Tassen Zement in der Plastikschüssel mit Wasser an. Die Masse sollte etwa die Festigkeit von Tortenglasur haben. Klümpchen müssen glatt gerührt werden. Der fertige Zement wird auf die Platte geschüttet und mit einem alten Tuch gleichmäßig verteilt. Dabei muss auch die kleinste Fuge mit Zement ausgefüllt werden.

7. Überschüssiger Zement wird mit dem Schwamm, den man in kaltem Wasser anfeuchtet, abgewischt. Das muss vorsichtig durchgeführt werden, damit die Zementfugen nicht weggewischt werden. Die Plastikschüssel wird gereinigt, bevor der Zement darin abbindet.

8. Jetzt lässt man die Platte über Nacht trocknen.

9. Am nächsten Tag wird überprüft, ob alle Fugen gut mit Zement ausgefüllt sind. Wenn sich Blasen oder Ritzen gebildet haben, rührt man noch ein wenig Zement an und bessert die Stellen aus.

10. Zum Schluss wird die Platte noch einmal gereinigt.

11. Wenn der Zement vollständig abgebunden hat, überprüft man das Ergebnis. Entdeckt man auf der Oberfläche von Mosaiksteinchen noch Zementreste, kann man sie mit einer Nagelbürste entfernen.

12. Der Zement sollte noch drei bis vier Tage aushärten. So lange bedeckt man die Platte mit einem feuchten Tuch oder einem Stück Plastik.

13. Zuletzt kann die Kante der Platte rundherum mit Plaka-Lack bemalt werden.

Turmbau zu Babel – Bauen mit Pappe (Genesis 11,1-9)

Material:

- Graupappe
- Schaschlikspieße
- Zahnstocher
- dünne Schnur
- Deck- oder Plaka-Farben
- Borsten- und Haarpinsel
- Bleistift
- Schere
- Alleskleber

Als Vorlage kann auch eine Abbildung des Gemäldes „Turmbau zu Babel" (1563) von Pieter Buregel genutzt werden.

Anleitung:
Aus der Graupappe werden Pappstreifen verschiedener Länge und Breite zugeschnitten.

Durch Ziehen über die Tischkante werden sie zu Rundungen geformt, überlappend mit Alleskleber zusammengeklebt und auf einer Grundplatte aus Pappe festgeklebt. Für die Geschossdecken schneidet man Kreise aus Pappe passend zu.

Da sich der Turm nach oben verjüngt, müssen die Rundungen für die nächsten Stockwerke kleiner geschnitten werden.

Gerüste und Leitern konstruiert man aus Schaschlikspießen und Zahnstochern und klebt sie fest, beziehungsweise verbindet sie mit dünner Schnur.

Wenn der Klebstoff getrocknet ist, wird der Turm deckend bemalt.

Hahn – Verleugnung des Petrus (Matthäus 26,69-75) Papierkugelmosaik

Material:

- Seiden- oder Krepppapier in verschiedenen Farben
- Alleskleber
- Tonkarton ca 30 x 40 cm
- Packpapier
- Bleistift
- Schere

Anleitung:
Man zeichnet zuerst einen Hahn auf das Packpapier und schneidet ihn aus. Mit dieser Schablone wird der Hahn nun auf die Mitte des Tonkartons übertragen. Das Seiden- und Krepppapier wird in kleine Stücke gerissen, zu kleinen Kügelchen geknetet und eng aneinanderliegend in den Hahn geklebt.

Symbole aus den Psalmen – Memospiel

Material:

- Bildvorlagen aus dem Abschnitt „Spiele“
- Pappe
- Klebstoff
- Bunt- oder Filzstifte
- Schere oder Schneidemaschine
- eventuell Laminiergerät mit Folien

Ausführung:
Die Bildvorlagen werden mit einem Kopierer vergrößert und in doppelter Ausfertigung kopiert. Nun können die Bilder bunt angemalt werden. Dann werden sie auf Pappe aufgeklebt und auseinandergeschnitten, gegebenenfalls noch laminiert.

Lösungen

S. 8: Berufe raten

1 **K** (Abel – Schafhirt) 2 **J** (Debora – Richterin) 3 **M** (Demetrius – Silberschmied) 4 **N** (Felix – Statthalter) 5 **O** (Jaïrus – Synagogenvorsteher) 6 **I** (Josef von Arimathäa – Zimmermann) 7 **A** (Kain – Ackerbauer / Landwirt) 8 **F** (Kornelius – Hauptmann) 9 **C** (Lukas – Arzt) 10 **H** (Lydia – Purpurhändlerin) 11 **Q** (Paulus – Zeltmacher) 12 **D** (Petrus – Fischer) 13 **G** (Schifra – Hebamme) 14 **P** (Simon aus Samaria – Zauberer) 15 **E** (Simon aus Joppe – Gerber) 16 **L** (Tertius – Schreiber des Paulus) 17 **B** (Tertullus – Anwalt) 18 **R** (Zachäus – Zöllner oder Obersteuereinnehmer) (AT u. NT).

Eine Berufsausbildung, wie wir sie heute kennen, gab es zu biblischen Zeiten nicht. Die Kindheit damals war kurz, da auch die Kinder zum Familienunterhalt beitragen mussten. Deshalb halfen sie schon früh ihren Eltern und lernten so deren Handwerk.

S. 10: Pflanzen in der Bibel

Waagerecht: 2 **A**kazie 2 Eiche 9 B**a**chweiden 13 Li**l**ie 14 T**r**auben
Senkrecht: 1 **Ap**fel 4 **A**loe 6 Zeder 7 Melo**n**en 8 **F**ei**g**en 10 My**r**rhe
Diagonal: 3 Gurke 5 Lauch 11 Nuss 12 Lins**e**n
Lösungswort: Granatapfel (Ex 28,34).

Der Granatapfel, auch Punica genannt, ist die Frucht des bis zu 15 Meter hohen Granatbaums. Die zahlreichen in seinem Fruchtfleisch eingebetteten Kerne galten als ein Symbol für Fruchtbarkeit. Der perfekte Granatapfel sollte 613 Kerne haben, was der Zahl der Gesetze im Alten Testament entspricht. Sein Motiv zierte deshalb Säulen im Tempel (z. B. 1 Kön 7,18.42). Im Hohelied wird der Granatapfel verwendet, um die Schönheit der Geliebten zu beschreiben (Hld 4,3.13; 5,7).

S. 12: Biblisches Silbenrätsel

1 **J**ona 2 **A**bel 3 **K**ana 4 **O**sten 5 **B**esen 6 **U**mzug 7 **S**aulus 8 **J**anuar 9 **O**rden 10 **H**onig 11 **A**ltar 12 **N**oach 13 **N**arbe 14 **E**rika 15 **S**onor
Lösungswörter: Jakobus – Johannes (MT 4,21).

S. 14: Die mittlere Senkrechte

1 **B**alkon 2 G**a**ndhi 3 Te**r**min 4 Els**t**er 5 Brac**h**e 6 Salom**o** 7 Bael**l**e 8 Spr**o**ss 9 Ro**m**ane 10 N**a**host 11 **E**damer 12 H**u**mmer 13 Ke**s**sel
Lösungswort: Bartholomaeus (Mt 10,3).

S. 15: Vom Fasten – Wörter fehlen

Lösungen der Reihe nach: fastet – Heuchler – Aussehen – Leute – Lohn – salbe – wasche – merken – Vater – Verborgene – vergelten (Mt 6,16-18).

Das Fasten galt – wie das Almosengeben – als Zeichen der Frömmigkeit. Oft wurde es ausgerufen, damit sich das Volk nach der Abkehr von Gottes Geboten ihm wieder zuwende und um sich seines Erbarmens zu versichern. So fasteten z. B. die Einwohner Ninives, als der Prophet Jona der Stadt die Zerstörung durch Gott ankündigte (Jon 3,5). Außerdem war Fasten in Verbindung mit dem Zerreißen der Kleider, Weinen und Klagen ein Zeichen der Trauer: Sauls Anhänger fasteten nach seinem Tod sieben Tage lang (1 Sam 31,13).

S. 16: Zahlenrätsel

1 = O, 2 = T, 3 = R, 4 = E, 5 = A, 6 = I, 7 = N, 8 = H, 9 = C, 10 = Z, 11 = S, 12 = M, 13 = F, 14 = G, 15 = U, 16 = L, 17 = J, 18 = D – 1 **J**ahr 2 **E**den 3 **S**aul 4 **U**fer 5 **S**tar 6 **C**hor 7 **H**ose 8 **R**and 9 **I**NRI 10 **S**ago **Lösungswort:** Jesus Christus (NT).

S. 18: Quadraträtsel

1 Ame**n** 2 Made 3 Eder 4 Nerv 5 Ne**i**n 6 Ende 7 Idar 8 Nerz 9 Abel 10 Ba**s**e 11 Esra 12 Lear 13 Sela 14 Eger 15 Lese 16 Ares 17 Anis 18 N**o**ta 19 Ite**m** 20 Same **Lösungswort:** Simon (Lk 7,36-50).

S. 19: Biblische Geschichte im Bild

Lösung: Simson fasst die Mittelsäule des Hauses; das Haus stürzt ein (Ri 16,29-30).

Simson war der Held des israelitischen Stammes Dan und drittletzter Richter vor der Königszeit im Buch der Richter. Er war ein Auserwählter Gottes (Nasiräer), der dank seiner unbezwingbaren Stärke für die Philister unbesiegbar blieb, solange er sein Haupthaar ungeschoren ließ. Als die Philister hinter dieses Geheimnis kamen, wurde er gefangen genommen, geblendet und geschoren. Als jedoch sein Haar wieder wuchs, brachte er mit seiner Kraft einen Philistertempel zum Einsturz und riss 3000 Philister mit in den Tod (Ri 13,1–16,31).

S. 20: Biblisches Kreuzworträtsel

Waagerecht: 1 **S**atan 5 Maria 10 **A**men 12 Soko 13 **M**ol 14 Rot 16 Mar 17 **O**r 18 Ast 19 TT 20 Su 22 OA 24 Rose 25 Esau 27 Sa 29 TS 31 Ur 33 Ade 35 Si 36 Kos 38 der 39 Mal 40 Asen 42 Mara 43 Stall 44 Menas.

Senkrecht: 1 **Lösungswort:** Samos (Apg 20,15) 2 Amos 3 Tel 4 an 6 As 7 Rom 8 Ikat 9 Aorta 11 Mose 14 Ra 15 TT 20 SOS 21 USA 22 Ost 23 Aas 26 Lukas 28 Ader 30 Silas 32 Rost 33 aD 34 er 35 Sara 37 Sea 39 Man 41 NL 42 me.

S. 22: Bibelverse-Quiz

1b (**T**reue) 2a (**O**hr) 3c (**B**ote) 4a (**I**rre) 5c (**A**ngst) 6a (**S**ommer) **Lösungswort:** Tobias (Spr/ Tob).

Tobias ist eine der Hauptfiguren des alttestamentlichen Buches Tobit. Er wurde von seinem Vater nach Medien geschickt, um dort eine große Geldsumme, die sein Vater verliehen hatte, einzutreiben. Auf seiner Reise kommt er auch nach Ekbatana, wo er Sara heiratet und den Dämon, der sie heimgesucht hat, besiegt. Erst als er mit Sara nach Ninive zurückkehrt, erkennt er, wer auf dieser Reise sein Wegbegleiter war: der Engel Raphael.

S. 24: Frauen im Alten Testament – Zahlenrätsel

1 = V, 2 = S, 3 = N, 4 = D, 5 = E, 6 = I, 7 = M, 8 = A, 9 = R, 10 = O, 11 = K, 12 = H, 13 = B, 14 = U, 16 = L, 17 = T

1 **D**ebora 2 **A**da 3 **N**oomi 4 **K**etura 5 **T**amar 6 **D**elila 7 **E**va 8 **M**ara 9 **H**anna 10 **E**ster 11 **R**ut 12 **R**ebekka 13 **N**aama **Lösung:** Dankt dem Herrn! (Ps 105,1).

S. 26: Bibelvers-Silbenpuzzle

Lösung: Alles, was atmet, lobe den Herrn! (Ps 150,6).

Das Buch der Psalmen ist eine Zusammenstellung von fünf ursprünglich eigenständigen Büchern mit einer je eigenen Entstehungsgeschichte und umfasst 150 Psalmen, also Gebeten und Liedern, die sich in vielfältigen Anliegen an Gott wenden: Klage und Trauer, Anklage und Vorwurf, Bitte um Beistand und Vertrauen, Lob und Dank, Freude und Zuversicht. Hinzu kommen Wallfahrtslieder, Lehrgedichte und Fluchpsalmen.

S. 27: Richtig oder falsch?

1 falsch; richtig: nicht Marta, sondern Lydia 2 richtig 3 falsch; richtig: nicht von Titus, sondern von Timotheus 4 richtig 5 falsch; richtig: nicht von Paulus, sondern von Timotheus 6 falsch; richtig: nicht Jerusalem, sondern Rom 7 richtig (NT).

S. 28: Ergänzungsrätsel

1 **J**ahr 2 **A**uto 3 **K**ragen 4 **O**bst 5 **B**all 6 **U**fer 7 **S**tall 8 **J**agd 9 **O**chsen 10 **H**itze 11 **A**ugen 12 **N**etz 13 **N**agel 14 **E**ltern 15 **S**and **Lösungswörter:** Jakobus – Johannes (Mt 4,21).

Jakobus (heute bekannt als „Jakobus der Ältere") und Johannes waren zusammen mit ihrem Vater Fischer am See Gennesaret. Sie gehörten zu den ersten Jüngern, die Jesus berief. Jesus gab ihnen wegen ihres Eifers die Beinamen „Donnersöhne". Beide waren bei der Verklärung Jesu und bei der Auferweckung der Tochter des Synagogenvorstehers Jaïrus dabei und auch im Garten Getsemani, wo Jesus in seiner Todesangst betete.

Der bekannte Jakobsweg führt auf verschiedenen Routen durch ganz Europa bis nach Santiago de Compostela im Nordwesten Spaniens, wo das Grab des hl. Jakobus des Älteren verehrt wird.

S. 30: Mann und Frau?

1 ja 2 ja 3 nein 4 ja 5 ja 6 ja 7 nein 8 ja 9 nein 10 ja 11 nein 12 ja 13 nein 14 nein 15 nein (AT u. AT).

Der Begriff „Familie" war in biblischer Zeit nicht so eng gefasst, wie wir ihn heute verstehen (Vater, Mutter, Kinder). Oft wurden auch Halbgeschwister oder Cousins und Cousinen als Geschwister bezeichnet. Die herkömmliche Form der Ehe war im alten Israel die Monogamie, auch wenn Polygamie durchaus legitim war und in der Bibel auch mehrere Fälle genannt werden, z. B. bei Jakob und Esau sowie bei zahlreichen Königen wie David und Saul. Hauptgrund für eine Ehe mit mehreren Frauen war der Wunsch nach vielen Kindern, vor allem Söhnen; viele Frauen zu besitzen war außerdem ein Zeichen von Macht und Reichtum.

S. 32: Großes Bibelquiz aus dem Neuen Testament

1c (**L**ukas) 2a (**A**ndreas) 3a (**S**ilas) 4b (**S**imon) 5c (**T**arsus) 6b (**D**rusilla) 7a (**I**NRI) 8c (**E**lisabet) 9b (**K**ana) 10a (**I**konion) 11c (**N**ikodemus) 12c (**D**emas) 13a (**E**unike) 14b (**R**ufus) 15c (**Z**achäus) 16a (**U**rbanus) 17a (**M**arta) 18c (**I**llyrien) 19b (**R**hode) 20c (**K**rispus) 21a (**O**nesimus) 22a (**M**alchus) 23c (**M**atthias) 24b (**E**utychus) 25c (**N**azaret) 26b (**H**annas) 27a (**I**turäa) 28c (**N**atanaël) 29b (**D**amaris) 30c (**E**mmaus) 31b (**R**hegion) 32a (**T**imäus) 33a (**S**alome) 34b (**I**talisch) 35c (**E**vodia) 36a (**N**ikolaiten) 37b (**I**mmanuel) 38c (**C**hloë) 39a (**H**iërapolis) 40a (**T**yrannus) 41c (**D**emetrius) 42b (**A**lphäus) 43c (**R**omfa) 44a (**A**lexander) 45b (**N**aïn) **Lösung:** Lasst die Kinder zu mir kommen, hindert sie nicht daran! (Mt 19,14).

S. 39: Bibelvers-Silbenrätsel

Lösung: Ich bin der Weg und die Wahrheit und das Leben; niemand kommt zum Vater ausser durch mich (Joh 14,6).

S. 40: Waren sie Geschwister?

1 ja 2 nein 3 nein 4 ja 5 ja 6 nein 7 ja 8 nein 9 ja 10 ja 11 nein 12 nein 13 ja 14 nein 15 nein (AT u. NT).

S. 42: Silbenrätsel

1 O**r**pa 2 N**o**dab 3 M**e**a 4 Em**m**aus 5 J**e**ter 6 A**r**moni 7 O**b**ed 8 A**r**eli 9 B**i**lha 10 B**e**cher 11 E**f**rata **Lösungswort:** Roemerbrief.

S. 44: Kästchen-Ergänzungsrätsel

1 A**n**gel 2 H**e**nna 3 A**b**gas 4 J**u**das 5 O**k**uli 6 S**a**nkt 7 A**d**ept 8 E**n**gel 9 G**e**lee 10 O**z**ean 11 A**z**ote 12 B**a**bel 13 B**r**ett **Lösungswort:** Nebukadnezzar (Jer 46,2/2 Kön 24,7).

Nebukadnezzar II. bestieg 605 v.Chr. den babylonischen Thron und führte sein Reich in seine Blütezeit. 597 v.Chr. nahm er Jerusalem ein und verschleppte nahezu die gesamte Jerusalemer Oberschicht nach Babylonien. Nach einem Aufstand zog er 587 v.Chr. erneut gegen Jerusalem und zerstörte den Tempel sowie große Teile der Stadt. Sprichwörtlich wurden die Worte, die wie von Geisterhand geschrieben an einer Wand seines Palastes erschienen (Dan 5,25) und seinen Tod ankündigten. Noch heute bezeichnet man solch unheilverkündenden Warnungen als Menetekel.

S. 45: Biblische Geschichte im Bild

Lösung: Mose kommt vom Berg, sieht das Goldene Kalb und zerbricht die Tafeln mit den Zehn Geboten (Exodus 32,19).

Während der Wüstenwanderung nach dem Auszug aus Ägypten stieg Mose auf den Berg Sinai, um dort Gottes Gebote entgegenzunehmen. Das Volk musste lange auf seine Rückkehr warten. Es wurde ungeduldig, und deshalb ließ Aaron, der Bruder Moses, den Schmuck des Volkes einsammeln und daraus ein goldenes Kalb als Götzen gießen, das die Israeliten mit Schlachtopfern und Tänzen verehrten. Als Mose schließlich zurückkehrte, war er darüber so entsetzt, dass er wütend die Steintafeln zerbrach.

S. 46: *Ein falsches Wort*

1 Männern = **M**enschen (Ps 12,2) 2 Körper = **A**ugapfel (Ps 17,8) 3 Bett = **R**uheplatz (Ps 23,2) 4 Beine = **K**noechel (Ps 18,2) 5 Einsamkeit = **U**nterwelt (Ps 6,6) 6 Freude = **S**taerke (Ps 18,2) **Lösungswort:** Markus (NT)

S. 48: *Fragen über Fragen*

1 **N**oach 2 **E**den 3 **B**etlehem 4 **U**rija 5 **S**aul 6 **A**braham 7 **R**uben 8 **A**bel 9 **D**avid 10 **A**mram 11 **N**un **Lösungswort:** Nebusaradan (2 Kön 25,8.11-20)

S. 50: *Zahlenrätsel*

1 = A, 2 = M, 3 = E, 4 = N, 5 = O, 6 = T, 7 = D, 8 = R, 9 = S, 10 = I, 11 = B, 12 = U, 13 = L, 14 = P

Amen 2 **N**ote 3 **D**ame 4 **R**oss 5 **E**ibe 6 **A**tem 7 **S**aul 8 **S**nob 9 **I**NRI 10 **M**ull 11 **O**ber 12 **N**est 13 **P**aul 14 **E**lle 15 **T**ell 16 **R**iss 17 **U**nna 18 **S**enn **Lösungswörter:** Andreas – Simon Petrus (Mk 4,18).

Die Brüder Andreas und Simon Petrus waren Fischer am See Gennesaret (= See von Galiläa) und die ersten Jünger Jesu. Nach Jesu Tod missionierte Andreas viele Jahre vor allem in den Gebieten entlang der südlichen und westlichen Schwarzmeerküste, in Nordwestgriechenland sowie der südgriechischen Halbinsel Peloponnes, wo er (wahrscheinlich) im Jahr 60 den Märtyrertod an einem X-förmigen Kreuz erlitt (sog. Andreaskreuz). Sein Bruder Simon Petrus nahm eine bevorzugte Stellung im Jüngerkreis Jesu ein, auf ihn gründete Jesus die Kirche. Nach seiner ersten öffentlichen Predigt in Jerusalem entstand dort die christliche Urgemeinde. Um das Jahr 57 n.Chr. kam Petrus nach Rom, wo er eine Gemeinde gründete und ihr erster Bischof wurde. Er starb im Jahr 64 unter Kaiser Nero den Märtyrertod.

S. 52: *Buchstabenrätsel*

1 **G**ilde 2 **E**ster 3 **P**olar 4 **R**atte 5 **I**nsel 6 **E**imer 7 **S**onor 8 **E**isen 9 **N**ante 10 **S**tute 11 **E**loge 12 **I**saak 13 **D**osis 14 **E**rpel 15 **R**omeo 16 **H**itze 17 **E**rbse 18 **R**appe 19 **R**ente **Lösung:** Gepriesen sei der Herr (Lk 1,68).

S. 54: *Kanonrätsel*

Lösungen: **H**osea – **E**lija – **R**izpa – **R**ahel – **B**oas – **L**uzius – **E**fraim – **I**mri – **B**ilha – **E**vodia – **B**echer – **E**mmaus – **I**sebel – **U**sa – **N**adab – **S**alome – **Lösung:** Herr, bleibe bei uns (Kanon).

Der Text des Kanons „Herr, bleibe bei uns, denn es will Abend werden, und der Tag hat sich geneiget" geht zurück auf die bekannte Emmausgeschichte. Als nach dem Tod Jesu zwei Jünger nach Emmaus unterwegs waren, gesellte sich der auferstandene Jesus zu ihnen, doch sie erkannten ihn nicht. Bedrückt erzählten sie ihm, welche Hoffnungen sie in den nun hingerichteten Messias gesetzt hatten. Da erläuterte ihnen Jesus anhand der Schrift, dass dies geschehen musste, damit Israel erlöst würde. Als sie ihm Dorf ankamen, baten sie ihren Begleiter, bei ihnen zu bleiben (Lk 24,29). Beim Brotbrechen erkannten sie ihn schließlich als den Auferstandenen.

S. 55: Labyrinth

Wegen der Bosheit, die auf der Erde herrschte, wollte Gott die Menschen vernichten. Doch Abraham erlaubte er, sich und seine Familie zu retten. Deshalb baute Abraham die Arche, die für seine Familie und die Tiere zur Rettung wurde. Während der 40 Tage dauernden Flut trieb die Arche auf dem Wasser und setzte schließlich am 17. Tag des Monats auf einem Gipfel des Araratgebirges auf (Gen 7,17–8,4).

S. 56: Von der Nachfolge – Wörter einsetzen

Lösungen der Reihe nach: Weg – Mann – Füchse – Vögel – Menschensohn – Ort – Haupt – Vater – Toten – Reich – Herr – Abschied – Jesus – Hand – Pflug – Gottes (Lk 9,57-62).

S. 58: Sanduhr-Rätsel

1 **T**ierzucht 2 **I**llegal 3 **M**ainz 4 **O**pa 5 **T** 6 **H**eu 7 **E**bert 8 **U**msonst 9 **S**eptember **Lösungswort:** Timotheus (Apg 19,22).

Timotheus war ein Schüler und Mitarbeiter des Apostels Paulus. Er stammte aus Lykaonien und hatte einen heidnischen griechischen Vater und eine judenchristliche Mutter. Timotheus wurde von Paulus bekehrt und war von der zweiten Reise an dessen treuer Begleiter. Nach späterer Überlieferung wirkte er nach Paulus' Tod als erster Bischof von Ephesos und erlitt dort um 97 n. Chr. den Märtyrertod. Zwei der paulinischen Briefe sind an ihn gerichtet.

S. 59: Kopfrätsel

1 Otto – **L**otto 2 Land – **O**land 3 Rand – **B**rand 4 Bert – **E**bert 5 Elle – **D**elle 6 Ster – **E**ster 7 Abel – **N**a-bel 8 Anna – **H**anna 9 Sten – **E**sten 10 Asen – **R**asen 11 Egel – **R**egel 12 Adel – **N**adel 13 Eder – **M**eder 14 Tage – **E**tage 15 Star – **I**star 16 Arbe – **N**arbe

17 Igel – **E**igel 18 Acht – **S**acht 19 Loge – **E**loge 20 Mail – **E**mail 21 Eber – **L**eber 22 Norm – **E**norm **Lösung:** Lobe den Herrn, meine Seele (Ps 103,1.2; 104,1).

S. 62: Bibelvers-Quiz

1b (**A**rmer) 2a (**M**enschen) 3a (**E**insicht) 4c (**N**ächster) 5 c (**H**offnung) 6c (**A**nsehen) 7b (**L**ügen) 8a (**L**eben) 9b (**E**lenden) 10c (**L**ampe) 11a (**U**nerfahrenen) 12b (**J**ähzornige) 13c (**A**uge) **Lösung:** Amen, Halleluja (Sprichwörter / Liedruf).

S. 65: Wer weiß es?

1c (**H**enoch) 2a (**E**delsteine) 3a (**R**afael) 4b (**O**nesiphorus) 5b (**D**avid) 6c (**E**lisabet) 7a (**S**amla) 8 b (**D**rusilla) 9c (**E**vangelien) 10b (**R**omfa) 11a (**G**eba) 12c (**R**abe) 13b (**O**bed) 14a (**S**keuas) 15c (**S**isera) 16b (**E**paphroditus) **Lösungswort:** Herodes der Grosse (Lk 1,5).

Herodes I., der Große, war der Sohn von Herodes Antipater, wurde 47 v. Chr. von seinem Vater als Statthalter von Galiläa eingesetzt und war von 37 bis 4 v. Chr. König über Judäa, Galiläa, Samarien und angrenzende Gebiete. Seine Herrschaft war geprägt von großer Brutalität. Verbannung und Hinrichtung von Feinden (sogar vier seiner Söhne ließ er töten) waren keine Seltenheit, und das Matthäusevangelium schreibt ihm den Kindermord in Betlehem zu (Mt 2,16). Andererseits war Herodes als Staatsmann um die Einhaltung der Pax Augusta, der lang anhaltenden inneren Friedenszeit im Römischen Reich, bemüht und glänzte als Bauherr zahlreicher Bauwerke, z. B. der prunkvollen Erneuerung des Tempels in Jerusalem und des Neubaus der Wasserleitung für die Stadt, sowie ganzer Städte (Cäsarea, Samaria).

S. 68: Silben-Ergänzungsrätsel – ein Lobpreis auf die Befreiung Israels

Lösung: Ps 114.

S. 70: Silben-Liedrätsel

1 **D**ebora 2 **A**dna 3 **N**atan 4 **K**armi 5 **E**lasa 6 **T**ema 7 **G**era 8 **O**mri 9 **T**abor 10 **T**abbat 11 **D**elila 12 **E**schan 13 **N**ahat 14 **N**oomi 15 **E**la 16 **R**ebekka 17 **I**smael 18 **S**imeon 19 **T**ola 20 **G**osan 21 **U**r 22 **T**ibni **Lösung:** Danket Gott, denn er ist gut (Lied).

Dieses Lied findet man im katholischen Gotteslob unter Nr. 402 und im Evangelischen Gesangbuch unter Nr. 301. Den Text verfasste 1868 Christoph Johannes Riggenbach nach Psalm 136. Riggenbach (1818–1890) war evangelischer Theologieprofessor und Präsident der Missionsgesellschaft in Basel und machte sich um das neue Basler Gesangbuch verdient.

S. 72: Zahlen verbinden

Lösungswort: Kalb (Exodus 32,4).

S. 73: Die Geburt Jesu (Lukas 2,1-7) – falsche Wörter

Lösungen der Reihe nach: Herodes → **Augustus,** Leute → **Bewohner,** Jordanien → **Syrien,** Simon → **Josef,** Jerusalem → **Nazaret,** Sauls → **Davids,** Stamm → **Haus,** Marta → **Maria,** Minute → **Zeit,** Zweitgeborenen → **Erstgeborenen,** ein Bett → **eine Krippe**, Pension → **Herberge** (Lk 2,1-7).

S. 74: Umstellrätsel

1 **A**bend 2 **D**uene 3 **A**dieu 4 **M**osel 5 **E**nter 6 **V**lies 7 **A**mpel 8 **K**raut 9 **A**mati 19 **I**nder 11 **N**abel 12 **A**rtus 13 **B**arbe 14 **E**uter 15 **L**eber 16 **S**till 17 **E**rato 18 **T**alar **Lösungswörter:** Adam – Eva – Kain – Abel – Set (Genesis).

Die biblischen Ureltern Adam und Eva hatten drei Söhne. All ihre Namen sind Programm: der erste Mensch: Adam = Mensch; seine Frau: Eva = die Leben Schenkende; der älteste Sohn: Kain = Schmied, Besitz; der Zweitgeborene: Abel = Atem, Hauch, Windhauch (als Hinweis auf die Vergänglichkeit, hier: auf die Ermordung durch seinen Bruder Kain) und der Nachgeborene: Set = Ersatz.

S. 76: Spruchversteckrätsel

1 Was gesaet wird, ist verweslich, was auferweckt wird, unverweslich. (1 Kor 15,42)
2 Wer glaubt, hat das ewige Leben. (Joh 6,37)
3 Bittet und ihr werdet empfangen, damit eure Freude vollkommen ist. (Joh 16,24)

S. 78: Neue Köpfe

1 **A**men 2 **P**aul 3 **O**der 4 **S**ack 5 **T**ank 6 **E**ber 7 **L**aus 8 **G**ast 9 **E**sel 10 **S**and 11 **C**hor 12 **H**and 13 **I**lse 14 **C**ent 15 **H**ege 16 **T**ier 17 **E**den **Lösungswort:** Apostelgeschichte.

S. 80: Bibelquiz aus dem Alten Testament

1b (**H**anna) 2a (**A**braham) 3b (**B**atseba) 4c (**V**ater) 5a (**E**sau) 6c (**R**ut) 7b (**T**amar) 8c (**R**uben) 9a (**A**bel) 10b (**U**sa) 11c (**E**den) 12a (**N**oach) 13a (**M**ose) 14c (**E**va) 15b (**I**sai) 16c (**N**oomi) 17a (**K**isch) 18b (**I**kabod) 19c (**N**abal) 20a (**D**elila) **Lösung:** Hab Vertrauen, mein Kind! (Tob 7,17).

S. 83: Rösselsprung

1 Er waelze die Last auf den Herrn, der soll ihn befreien. (Ps 22,9)
2 Sie verlassen sich ganz auf ihren Besitz und ruehmen sich ihres grossen Reichtums. (Ps 49,7)
4 Alle, die mich sehen, verlachen mich, verziehen die Lippen, schuetteln den Kopf. (Ps 22,8)

S. 84: Treppenrätsel

1 – 1 **P**o 2 **A**mt 3 **U**kas 4 **L**inie 5 **U**mlaut 6 **S**kelett **Lösungswort:** Paulus.
2 – 1 **J**a 2 **E**va 3 **S**ari 4 **A**dler 5 **J**ogger 6 **A**lberei **Lösungswort:** Jesaja.

Der in Tarsus geborene Paulus gehörte nicht zu den zwölf Aposteln, sondern verfolgte als hochgebildeter Jude und gesetzestreuer Pharisäer sogar die ersten Christen. Erst als ihm eines Tages auf seinem Weg nach Damaskus der Auferstandene erschien, wurde er zu einem der glühendsten Verkünder der christlichen Botschaft. Besonders den Nichtjuden verkündete er den auferstandenen Jesus Christus, und seine aufopfernden Missionstätigkeit führte ihn in durch den gesamten östlichen Mittelmeerraum. Deshalb wird er auch „Völkerapostel" genannt.

Der Prophet Jesaja aus Jerusalem gehört zu den vier großen Schriftpropheten der Bibel und wirkte zwischen 740 und 701 v. Chr. in der Zeit der Bedrohung Israels durch die Assyrer. Er verkündete Gottes Gericht, aber auch eine endzeitliche Wende zu universalem Frieden, Gerechtigkeit und Heil. Als erster Prophet Israels verhieß er den Israeliten einen zukünftigen Messias als gerechten Richter und Retter. Mit seiner Verkündigung schuf er den Grundstock des Buches, das seinen Namen trägt.

S. 85: Labyrinth

Die schwangere Maria macht sich auf den mehrere Tage dauernden und beschwerlichen Weg übers Gebirge, um ihre ebenfalls schwangere Verwandte Elisabeth zu besuchen (Lk 1,39).

S. 86: Lösungswörter suchen

1 **E**nkel 2 **I**ndus 3 **N**otar 4 **S**alut 5 **C**lown 6 **H**aben 7 **I**mage 8 **L**eder 9 **D**iaet 10 **U**ltra 11 **E**rbse 12 **B**eleg 13 **E**rbin 14 **R**appe 15 **M**agen 16 **I**lias 17 **R**iver 18 **I**mmun 19 **S**eite 20 **T**aufe 21 **G**reis 22 **O**rden 23 **T**adel 24 **T**enne **Lösung:** Ein Schild ueber mir ist Gott. (Ps 7,11)

S. 87: Bilderrätsel

Koffer – **O**rgel – **R**egal – **N**ase – **E**lefant – **L**ampe – **I**glu – **U**hu – **S**chirm – **Lösungswort:** Kornelius (Apg 10,1-2).

S. 88: Wörter mit doppelter Bedeutung

1 **E**lster 2 **L**esung 3 **E**ngels 4 **A**blass 5 **S**chein 6 **A**briss 7 **R**eiter **Lösungswort:** Eleasar (Ex 6,23).

Eleasar war der dritte Sohn Aarons und Ahnherr eines bedeutenden Priestergeschlechts. Er war Hohepriester, Oberhaupt der Leviten und Aufseher über den Tempelkult. Seinem Onkel Mose half er bei der Volkszählung und führte nach der Ankunft der Israeliten im Gelobten Land gemeinsam mit Josua die Verteilung des Landes Kanaan unter den zwölf Stämmen Israels durch.

S. 89: Biblische Geschichte im Bild

Lösung: Der Prophet Samuel wird nach dem Tod Sauls von Gott zur Familie des Isai geschickt. Dort salbt er auf Gottes Geheiß David, Isais jüngsten Sohn, zum König (1 Sam 16,1-13). So wird David der zweite König Israels und später zu Israels mächtigstem König.

S. 90: Kästchen-Ergänzungsrätsel

1 A**j**alon 2 B**a**stei 3 E**k**loge 4 H**o**stie 5 O**b**dach 6 R**u**brik 7 A**s**mara 8 A**b**rede 9 A**r**beit 10 B**i**enen 11 B**e**rlin 12 E**f**fekt **Lösungswort:** Jakobusbrief (NT)

S. 91: Malen nach Symbolen

Lösung: Geburt Jesu (Lk 2).

S. 92: Hier stimmt was nicht!

Lösungen: Wecker, Handy, Musikanlage, Filzstift, Lampe (Joh 11,1-43).

S. 93: Kammrätsel

Waagerecht: Hadad-Rimmon **Senkrecht:** 1 **H**ochmut 2 **D**efizit 3 **D**enkmal 4 **I**kebana 5 **M**ahnmal 6 **N**eutron.

S. 94: Die Spitze fehlt

1 Nazaret (Lk 2,39.51) 2 Betlehem (Lk 2,1-20).